河出文庫

悩まない 禅の作法

枡野俊明

河出書房新社

文庫化によせて

文庫版の発行にあたって、あなたにまずお伝えしたいことがあります。

悩まない人は、この世にひとりもいないということです。

ですから、もし今、悩みがあったとしても、まったく問題はありません。

それは、あなたが生きている証しなのです。

悩んで答えが出ることであれば、おおいに悩み、物事を解決して、人生をいい方向に進めていきましょう。

ただし、多くの人は「悩んでもどうしようもないこと」で、心を曇らせているように思います。問題は、そこにあります。

損得勘定で悶々《もんもん》としたり、あるいは、自分の希望通りに事が運ばないと苛立《いらだ》ったり、「自分はダメだ」と卑下《ひげ》したり……。そうやって不毛な時間を過ごし、一番苦しんでいるのは誰かと言えば、自分自身です。

この本では、そのような状況から抜け出し、自分の個性や能力を最大限に発揮して、心豊かな人生を生きる方法をお伝えしていきます。

私は禅僧ですから、みなさんの悩みを聞く機会が日常的にありますが、お話を伺《うかが》っていると、悩みの原因は大きく分けてふたつあるように思います。

ひとつ目は、「比べてしまうこと」です。

人は本来、誰とも同じものさしで比べることなどできない存在です。

しかし、私たちはどうしても他者と自分を比較して優劣を競ったり、勝ち負けを争ったりしてしまうのです。

もちろん、その行為が建設的な方向に行くのであれば、自分自身の成長へとつながります。でもそれが、劣等感や焦りを生み、悩みになってしまってはいけません。

また、人生の岐路に立った時や何かを選ぶ場面において人は悩みます。物事をふたつに分けて、条件や損得で比較してしまうクセがあるのです。

悩みの原因のふたつ目は、「結果を求めすぎること」です。

現代人は、とかく待つことが苦手です。すぐに結果が出ないとイライラし、何が悪いのだろうと悩み始めます。また、望ましい結果が出なかった場合は、すぐに落ち込み、人や環境のせいにしたり、自分を責めたりしてしまいます。

さらに、「ラクして良い結果を得たい」と考えがちなことも、悩みを生む原因になっているように思います。

しかし人生では、望んだ道に進めないこともあれば、これだと選んだ道でうまくいかないこともあります。また、どんなに努力しても、望んだ結果が手に入らない場合もあります。

しかし、道は必ず開けます。たとえ途中で失敗したり挫折したりしても、自分の目の前にあることを淡々とやっていけばいいのです。

最終的に、人は「縁が結ばれたところ」で必ず花開くもの。

自分が運ばれた場所が、実は、自分に向いているところなのです。

仏教では、「因」があるから「縁」が結ばれ、「果（結果）」がついてくると考えます。自分のなすべきことをコツコツやっていけば、その人に合った縁がつながり、その努力に見合った結果がやってくる。

つまり、周囲の人や社会の役に立つこと、自分が本当にやるべきことを考えて、地道にやっていけば、必ずあとから結果がついてくるのです。

そうはいっても、選択肢が多く、また情報もあふれている現代では、人生を進んでいくうえで悩みや迷いが出てくるのは仕方のないことでしょう。それを否定する必要はありません。

日々生まれる悩みや欲に執着《しゅうちゃく》することなく、真理を求めてゆうゆうと生きる道を説いたのが「禅」です。

一六〇〇年前に生まれた禅の考え方は、古くは戦国武将や明治維新の志士たちが、現代では、名だたる政治家や経営者、起業家たちが禅を学び、人生の指標としてきました。責任ある決断をなさねばならぬ彼らにとって、悩みを払拭《ふっしょく》して心を整えるために、禅は欠かせないものだったのです。

禅で何より大切なのは、日々の生活の中で、自分自身が毎瞬毎瞬をどう生きるかです。それを追究していったからこそ、彼らは大きな成功を手にすることができたのでしょう。

禅の修行の根幹となる坐禅の「坐」という文字は、二人の人が土の上に座る姿を表しています。

一人は、自分自身。もう一人は、自分の中にある「本来の自己」です。「本来の自己」とは、一点の曇りもない鏡のような美しい自分、仏のような自分を指します。自分自身の本質である神聖な部分と向き合うことが坐禅であり、ひいては禅そのものなのです。

生きるための答えは自分の外側にあるのではなく、内側にあります。欲や執着で見えなくなった本当の自分を発見していけば、悩みに振りまわされることなく、あなたが生きるべき道を進んでいけるでしょう。

日常に生かすための禅は、決して難しいものでも堅苦しいものでもありません。心を軽くし、自分が本来もっている能力を、より自由に発揮していける智慧《ちえ》にあふれています。

禅の智慧が、あなたの人生をますます輝かせることを祈っています。

合掌

平成三〇年　一一月吉日

建功寺　方丈にて　枡野俊明

悩まない 禅の作法　**目次**

第1章　なぜ「悩み」が生じるのか？

第2章 「悩まない人」になる 禅の習慣38

悩まない心

悩まない体

悩まない生活

悩まない坐禅

第3章　ケーススタディ　悩みを消し去る禅の作法

人間関係での悩み

お金の悩み

仕事での悩み

恋愛・結婚の悩み

生き方の悩み

第4章　人生が好転する「悩まない生き方」

本文デザイン＝石間淳
本文イラスト＝石川ともこ
編集協力＝江藤ちふみ

はじめに

私たちの人生は、選択の連続です。

右へ進むべきか、左へ進むべきか。もしくは、立ち止まって引き返すべきか……。最善、最高の選択をしたい。誰もが、そう思うでしょう。

そう思うがゆえに、欲や執着にとらわれて悩んでしまう。そんな悩みのスパイラルにはまらない方法を、この本でご紹介していきます。

何の悩みもなく、すっきりとした心持ちで、穏やかに日々を過ごす。そんな人生が送れたらと思って、あなたはこの本を手に取ってくださったのかもしれません。

しかし私は、悩むことそのものを否定しなくてもよいと思っています。

どんなに高い地位を得た人も、巨万の富を築いた人も、あるいは、徳を積んだ聖職者であっても、悩んだことのない人など、この世にはひとりもいないはずです。

何を選べばいいのか、どう動けばいいのか。思い悩むのは、生きている証拠です。

であるからこそ、「悟《さと》り」があります。

日々の悩みを「そうか！」という悟りに変えて、毎日を安らかに過ごし、自分自身をさらに磨いて生きられるよう、願いを込めてこの本を書きました。


悩みが人を惑わせ、迷わせるのはなぜでしょう。

それは、私たちが頭の中で考えを増長させ、膨らませてしまうからです。すると、どんな人も心配や不安でがんじがらめになり、身動きが取れなくなってしまいます。

禅は、そんな悩みをどう解決していくかを突き詰めた教えであり、物事にとらわれず心を健やかに保ち、自分の生き方を極めていくための方法です。無駄な物をそぎ落とし、今この瞬間に生きると、自ずと道は開けると禅では説いています。

ですが、禅とは本を読んで頭で理解するだけのものではありません。日々の暮らしに生かし、自分で実践していくことが重要です。そのために、坐禅があります。

坐禅と聞くと、「面倒くさそう」「苦しそう」と感じる人もいるかもしれません。

しかし、これほど人生をシンプルに、そして豊かにしてくれるものはありません。

これは、坐禅を三五年実践してきた私の実感です。

禅僧は、自分の中に「仏」を見出すために修行を重ねます。その中心となるのが、坐禅なのです。坐禅や禅の思想を日々の生活に生かしていけば、きっと「悩むことも悪くない」と、悠然と構えられるようになるでしょう。

この本では、坐禅のやり方はもちろんのこと、日常で簡単に取り入れられる禅の作法を紹介しながら、悩みから自由になり、人生を楽しく生きていく方法をお伝えします。禅では、坐《すわ》る行為そのものだけでなく、坐禅を通した「心の整え方」にも重きを置きます。どのようにすれば平穏な心でいられるのかについても、お話ししていきましょう。

また第3章では、日常抱えてしまいがちな悩みに対し、Q&A形式で具体的にお答えしていますので、ぜひ参考にしていただければと思います。「答え」は、あなた自身の中にあります。その「答え」を見つけ、自分らしく今を生きる術《すべ》を手にしていただければ幸いです。

第1章

なぜ「悩み」が生じるのか？

人はどんな時に悩むのか

私たちは、日々さまざまな場面で悩みます。

昼食に何を食べるかという日常的な事柄から、どう生きるべきかといった哲学的な命題まで、その内容は人によって千差万別です。みなさんのお話を伺っていると、悩みは大きく二種類に分けられるように思います。

ひとつは、自分自身についての悩み。

そしてもうひとつが、周囲の人、特に家族に関しての悩みです。

私が普段、住職としてご相談を受ける機会が多いのは、家族についての問題です。子どもが学校に行かない。いつまでも結婚しない。配偶者との関係がうまくいかない。嫁や姑《しゅうとめ》とそりが合わない……。これらの問題にどう向き合えば良いのかわからず、悩みが生じているのです。近しい間柄だからこそ、その悩みは深刻です。

また、混迷が続く時代だからでしょうか。最近では、自分の将来について考えあぐね、悩まれている方のご相談も増えています。

どの問題にも共通していることがあります。それは、「今」の状況が思うようになっていないにもかかわらず、「過去」に縛《しば》られていることです。

たとえば、「子どもが学校に行かないのは、自分の育て方が悪かったからではないか」「会社選びを間違ったせいで、能力が生かせない」など、現状が思い通りにいかない理由を、過去の自分や出来事のせいにして、いつまでも悔《く》やんでいらっしゃるのです。その状態がさらに進むと、今度は「私が悪かったのだ」と過去の自分を責め始めます。そんな人に限って、将来に対して怖れや不安を抱いています。「もし悪いことが起きたらどうしよう」「もっとひどい状況になるかもしれない」と、心配ばかりが膨らんで、一歩も前に進めない状態。気だけが焦《あせ》って、まったく身動きが取れない状態です。過去や未来に思いを巡らせ、がんじがらめになっている。それが、「悩み」という現象になって表れていると言えるでしょう。

大切なのは、**「今」がおろそかになっている自分に気づく**こと。悩みを抜け出すための第一歩は、そこから始まります。

お釈迦様は悩まなかったのか？

「はじめに」でも書きましたが、私は悩むこと自体が悪いとは思っていません。仏教の創始者であるお釈迦《しゃか》様も、若き日、人生に悩みました。「四門出遊《しもんしゅつゆう》」という有名なエピソードがあります。お釈迦様が出家を決めた時のお話です。

王族の息子として何不自由なく暮らしていたお釈迦様は、ある日お城から出かけようとしました。東門から出ようとすると、そこには衰弱した老人が横たわっていました。次に、南門から出ようとしたところ、息も絶え絶えの病人に出会い、西門から出ようとすると火葬場へ向かう葬列を見かけました。

老いること、病むこと、死ぬことの苦しみを見て、これから自分がどのように生きていけばいいのか、お釈迦様の心は揺《ゆ》れ、惑《まど》いました。

最後に北門から出ようとした時、お釈迦様はひとりの修行者と出会われました。その姿は、この世の悩みから解き放たれたすがすがしさに満ちていたといいます。この姿を見て、お釈迦様は出家を決心し、二九歳で城を離れ、本格的な修行を始められたのです。その後、お釈迦様は山林での六年間の苦行を経て、菩提樹《ぼだいじゅ》の下で坐禅をしている時に真理に目覚めます。

もし、お釈迦様が人生に悩まれなかったら、悟りを開かれ、真理（法）にたどり着くことはできなかったでしょう。

日本曹洞宗《そうとうしゅう》の開祖道元禅師《どうげんぜんじ》も、また人生に悩んだ人のひとりです。

道元禅師は、当時の日本に伝わっていた仏教の教えに疑問を覚え、宋（中国）に渡り、禅と出会いました。もし道元禅師が自らの進む道に迷っていなければ、もしかすると、今のような形で日本に禅が伝わることはなかったかもしれません。

生きることに対して真摯《しんし》に向き合えば向き合うほど、人は迷い、悩みます。そして、その悩みこそが、私たちを真理へと導いてくれます。

ですから、自分の生き方に疑問を持ち、人生に悩むことは悪いことではない。

私は胸を張ってそう言えるのです。

心に悩みが生じるのはなぜか

先ほど、過去の出来事を悔やみ将来を心配することが、悩みの原因だとお話ししました。その他に、もうひとつ大きな要因があります。それは、人と自分を比較してしまうこと。これは、現代人が陥《おちい》っている深刻な「病《やまい》」のひとつです。

卒業した学校や勤めている会社、住む家や給料の額、性格や容姿、ひいては、着ている服や身につけたアクセサリーまで比べて、ため息をつく人がいかに多いことでしょう。自分の人生に不満がある時、他人の人生はキラキラと輝いて見えます。自分以外の人はみな悩みなどなく、幸せそうに見えます。

「なぜ、自分だけ思い通りにいかないのだろう」

「どうして私だけが人生に失敗して、みじめな境遇なのだろう」

そうやって肩を落とす方がたくさんいらっしゃいます。

私たち日本人は、「人並みの暮らし」が幸せだと教えられて育ちました。ですから、つい人と自分の生活を比べてしまい、「勝った」「負けた」と一喜一憂する。これが、習い性になっているのです。

しかし、この比較が悩みを生みます。「同期より昇進が遅い」「まわりの人には恋人がいるのに自分だけいない」「年収が同世代の平均より低い」。……横目で他人の人生を見て、今の自分と比べてため息ばかりついていると、どうなるでしょう。

肝心要《かんじんかなめ》の自分自身の足元はおぼつかない状態です。

足場がぐらついていては、一歩前に踏み出すことはできません。

人をうらやめばうらやむほど、悩みは大きくなります。そして、悩みが新たな悩みを生み、雪だるまのように大きくなって、身動きができなくなってしまいます。

「人と自分を比べるな」と言っても、すぐにやめるのは難しいでしょう。しかし、**今自分自身の人生をきちんと見つめているのか、それとも、他人の人生を基準にしているのかを意識する**。その視点を持つだけで良いのです。「比較」という妄想《もうそう》に振りまわされている自分を客観的に見られるようになり、悩みの雪だるまを止めることができます。

「良い判断」と「悪い判断」

あなたも、「もしあの時、別の道を選んでいれば……」と思い、後悔することがあるのではないでしょうか？

今の望まない状況に置かれているのは、自分が仕事や学校、パートナーなどを選ぶ際に判断を誤ったからだと考えている人は少なくないかもしれません。

しかし、結論からお話しすると、この世に「良い判断」も「悪い判断」もありません。なぜなら、どちらの道を選ぼうと、その後の自分の生き方次第で、人生はいかようにも変わるからです。クイズ番組のように、右を選べば正解で賞品がもらえ、左を選べば罰ゲームというようなことは、人生においてはあり得ません。

人生で成功を収めている人は、自分の進む道を信じて一心に努力を続けることができた人たちです。彼らは過去を振り返って、「あの道を選んだから、今の自分があるのだ」と言います。しかし、仮に別の選択をしていたとしても、きっと自分の選んだ道で成功したでしょう。

逆に、判断が間違っていたと嘆《なげ》く人は、自分の境遇を過去や人のせいにして、今やるべきことが、おろそかになっています。これでは、自分の望む人生を歩いていくことが難しいのも当然です。

禅では、すべての物事が「絶対」であるととらえます。

「良い」も「悪い」も、それは人の心が決めつけているだけのこと。判断から離れて、今目の前にあることにただ無心に取り組む。これが、禅的な生き方です。

「大道通長安（だいどうちょうあんにつうず）」という禅語があります。

どの道も幸せに通じているという意味。また、どの道を通っても真理（悟り）にたどり着けるという意味です。

右に行くべきか左に行くべきか。人生の岐路に立たされた時、どの道を選んでも「正解」です。大切なのは、**どんな判断をするかではなく、判断した後にどう生きるか**です。自分のなすべきことを、ただひたすらやる。すると、結果として自分の選んだ道が「良い判断」になる。それが、真実です。

即決できる人と、いつも悩んでいる人の違いとは

時々、いかにもやすやすと物事を選択しているように見える人がいます。しかも、その人の判断はまわりから見ても的確で、良い結果を出している。「あいつは、できる」「彼女に任せておけば心配ない」。そんな評価を得ている人たちです。

なぜ、彼らはいとも簡単にどちらに進むかを決められるのでしょうか。

聞いてみると、意外にも「なんとなく」「直感で」と答える人が多いことに驚かされます。また、「ご縁を感じたから」「先にお話をいただいたほうに決めた」と答える人もいます。彼らは頭で**損得を考えたり、人にどう思われるかを気にしたりしません。まず、一歩踏み出している**のです。

一方、いつまでも物事を決められない人、ぐずぐずと悩んでいる人は、ひたすら頭で考えています。何を考えているかというと、どうすれば失敗しないか、どちら

を選んだほうが得かということです。

彼らがいつまでも決められない理由は何でしょうか。それは、欲や執着、そして虚栄心などがあるからです。

また、過去の経験やデータにこだわっていたり、人の評判を気にしたりして、身動きできない人もいます。なかには、とっくに心は別のところに行っているにもかかわらず、一度決めた目標を達成しなければと思いつめた結果、葛藤が生じ、歩みが止まっている人も見受けられます。

考えれば考えるほど、迷いは深くなり、ますます動けなくなるものです。自分の内側ではなく外側を見ている限り、いくら考えても悩みのループから抜け出すことはできません。条件や環境は常に変わるのですから、すっきりした答えが出るはずはありません。

また、欲や執着にとらわれている限り、どんな選択をしたとしても、あとから自分に都合の悪いことが起きると、「ああすれば良かった」と後悔するでしょう。

悩まない人とは、あれこれ考え込まず、行動に移せる人。そして、自分の選択を信じて努力できる人です。

考え方ひとつで悩みは消せる

あるデータによると、今日本では八人にひとりがうつ病か、うつ状態にあるそうです。周囲を見渡しても、近年うつの人が増加しているというのが、私の実感です。物質的には豊かで時間もたっぷりあるのに、心は満たされない。人間関係が薄くなり、自分ひとりだけが不幸せだと思い込んで、人生に悩んでしまう。その結果が、うつという症状として現れているのかもしれません。

苦しみのない人生などありません。その中で、いかに心の健《すこ》やかさを失わずに生きていくのか。今私たちは、それをしっかりと考えていく必要があるでしょう。

私たちの心を悩ませむしばんでいくのは、「幸せにならなければならない」「成功しなければならない」といった思い込みではないでしょうか。

その思い込みをちょっと脇に置いてみましょう。

失敗のない人生などありません。誰でも間違うことはあります。

心のままに道を選んで、もし選択を誤ったと思えば、パッときびすを返せばいいのです。そこで「いや、ここでやめると格好が悪い」「人に迷惑をかける」「損害を取り戻さなければ」などと考えるのは、見栄や欲、そして執着があるからです。

どちらの道に進もうか逡巡《しゅんじゅん》している人を見ると、私は「盤山精肉《ばんざんせいにく》」という言葉を思い出します。唐の禅僧盤山がある日、肉屋の前を通りかかると、客が店主に「この店で一番いい肉をくれ」と言いました。

すると、店主はこう答えました。「うちにあるのはいい肉ばかりだ。悪い肉など置いていない」と……。盤山はその光景を見て、**物事のいい悪いを決めているのは、人の心に他ならない**と悟ったそうです。

考え抜いて道を選んだと思っても、「こんなはずじゃなかった」とうなだれる日もあるでしょう。また、望まぬ道に進んだにもかかわらず、努力で大きな花を咲かせる人もいるでしょう。

人生には何が起きるかわかりません。であるからこそ、人生は楽しいしおもしろい。そう思えば、悩みの雲が晴れていく気がしませんか。

決断力をつちかう坐禅の力

一流の政治家や経営者に、坐禅の愛好者が多いことをご存じでしょうか。

彼らは分刻みのスケジュールの中でも時間を捻出し、坐禅を組みます。日々激務に追われる彼らが、わざわざ忙しさの合間を縫って坐るのはなぜでしょうか。

それは、**坐禅を組むことによって、身心のコンディションが整い、より的確な決断ができるようになる**からです。

常に厳しい局面で判断を迫られる政治家や経営者たちは、坐禅によって静かな時間を持ち、自分を見つめ直しています。そして、その結果として洞察力や判断力を磨き、心の安定を得るのです。

禅では、修行の中心に据えるのが坐禅です。ですから、雲水《うんすい》（修行僧）の修行でも大きな核となるのが坐禅なのです。お釈迦様がそうであったように、姿勢を正し、静かに坐って自分自身と向き合うことで煩悩《ぼんのう》を祓《はら》い、真理への道を歩むのです。

仕事や家事に忙殺《ぼうさつ》され、自分を見失い、右へ進むべきか左へ進むべきか悩んでいる……。そんな現代人に今必要なのが、この坐禅ではないでしょうか。

坐禅は、心と体の健やかさを保つために大きな力を持っています。

慌《あわ》ただしい日常から降りた、エアポケットのように静かな時間。普段は見過ごしがちな自分の心を見つめる時間。坐禅は、そんな時間をもたらしてくれます。

どんなに悩んでも、ただ悶々と思いを巡らせているだけでは、何も解決しません。それどころか、妄想が妄想を呼び、自分で自分を苦しめる結果にもなりかねない。

そうであれば、姿勢を整え、呼吸を整えて、坐ってみるといいのです。

迷いや悩みから解き放たれ、霧がスーッと晴れたように心が澄み渡る。ガチガチに固まっていた体がゆるみ、息を吹き返す。そんな体験が必ず訪れます。

あなたの毎日に、坐禅の習慣を取り入れてみてください。

第2章と巻末の図解で、坐禅について詳しくお話しします。基本さえ習得すれば、坐禅は悩みのない毎日を送るための大きな助けとなるでしょう。

第2章

「悩まない人」になる禅の習慣38

悩まない心 1

損か得かを考えない

悩まない人生を生きるために、真っ先に手放して欲しいものさしがあります。

それは、「損得」のものさしです。

「この人とつき合っておくと得だから、ランチに誘おう」と、好きでもない人と食事をする。「この仕事は損をしそうだから、断る理由を考えなければ」と、必死で言い訳を考える。「バーゲンでお買い得だったから」と、さほど欲しくもない洋服を買う。

損か得かのものさしを使っている限り、悩みが消えることはありません。

「少しでも得をしたい」「損はしたくない」と悩んでいるうちに、チャンスが過ぎ去ったり、タイミングを逃して損をしてしまうのが関の山です。また、「損か得か」を基準にして行動していると、心が休まる暇はありません。

では、何かを選択する時、どんなものさしを使えばいいのか。

「真理」を、基準に考えてください。

禅で言う真理とは、時代や立場や文化が変わっても、変わらないもの。誰もが受け入れられる不動の事実です。といっても、難しく考える必要はありません。人に親切にする。ウソを言わない。自然を大切にする。人のものを盗まない。

そんな誰にとっても「当たり前」のこと。これも、真理です。

たとえば、あなたが営業の仕事をしていて、自分の商品を売りたかったとします。「損得」のものさしを使えば、自分が得をするために、安い商品を少しでも相手に高く売りつけたいと思うでしょう。しかし、それでは相手が損をしてしまいます。「真理」のものさしでは、自分の納得できるものを適正な価格で売ります。そして、相手に「買って良かった」と喜んでもらいます。

仏教では、相手が良くなることで自分自身も良くなると考えます。お互い助け合いながら生きていく共生《ともいき》の考え方です。**「真理」のものさしに従って、自分も相手も喜べる、そんな選択をすると**、損得を気にして右往左往する必要がなくなります。そして結局は、「得」をするのです。

悩まない心 2

二択で考えるのをやめる

損得の他にも、私たちはさまざまなものさしを持っています。

好き嫌い。失敗と成功。敵と味方。勝ち負け。美しさと醜《みにく》さ。

そんなものさしで物事を判断し、常にどちらかを選ぼうとしているのです。

このような二元論で物事をとらえると、常に両者を比較しなければなりません。

そこには、こだわりや執着が生まれます。

たとえば、「美は良くて、醜《しゅう》は悪い」という考え方は、美への執着となって人を惑わせます。「成功は良くて、失敗は悪い」という判断は、失敗から学ぶことの尊《とうと》さを見失わせ、成功へのこだわりを生みます。

禅では、このような考え方は「妄想《もうぞう》」であると断じ、厳しく戒《いまし》めています。

判断を手放しなさい。善も悪も、好きも嫌いも忘れなさい。

それが、禅の教えです。

「両忘《りょうぼう》」という禅語がこの考えを表しています。

比較から自由になる。AとBのどちらかを選ぶのはやめる。そう、人間が自分たちの都合で勝手に貼ったレッテルを忘れて、**あるがままの姿を受け入れ、シンプルに生きなさい**と教えているのです。

「言うは易《やす》くおこなうは難《かた》し」ですから、完全に忘れるのはもちろん難しいでしょう。ですが、一瞬でもいいのです。

自分のものさしを置いて、あれこれ思い煩《わずら》うのをやめてみませんか？

中国南北朝時代の禅僧宝誌《ほうし》禅師は、「両忘すれば常に心は静寂の境地となり、自然に真理と一体となることができる」と説いています。

判断から自由になれば心は安らかになり、知らず知らずのうちに真理を生きることができるのです。

善悪や好き嫌いから自由になった自分を想像してみてください。

二択で考えるのをやめてみる。そう決めるだけで、さまざまなものさしにとらわれていた心が息を吹き返す。そんな気がしませんか？

悩まない心 3

心のホコリを払う

本来、私たちは誰もが仏様と同じ「仏性《ぶっしょう》」を持っています。

禅では、それを「本来本法性《ほんらいほんぽっしょう》　天然自性身《てんねんじしょうしん》」という言葉で表します。人間は、生まれながらにして仏性を備えている。ですから、誰でも努力さえすれば、自分自身の力で仏様になれるという意味です。

「こんな自分が、尊い仏様だなんておこがましい」と思うかもしれません。

しかし、あなたの中にも必ず仏性はあります。

仏性を広い意味でとらえるなら、思いやりや優しさ、良く生きたいと思う心、人の役に立ちたいと願う気持ち。そんな言葉に置き換えることもできるでしょう。

では、なぜ本来仏である人間が、日々思い悩むのでしょうか。

それは、もともとは鏡のように光り輝く「本来の自己（仏性）」のまわりに、汚れやホコリがついてしまっているから。

生まれ落ちたままの人間は、一点の曇りもない「仏様」です。しかし、現世でさまざまな出来事を経験するうちに、その輝きは厚い雲で覆《おお》われ、曇っていきます。その雲とは、煩悩と呼ばれるもの。「人から良く思われたい」「もっと得したい」という欲。「失敗したくない」「絶対に願いを叶《かな》えたい」という執着。そして、怒りや嫉妬《しっと》などです。

しかし、それらの雲は、自分で払うことができます。たとえば、お寺へお参りに行ってしばらく時間を過ごしていると、ザワザワしていた心が鎮《しず》まり、気持ちが穏やかになっている自分を感じることはないでしょうか。そんな時、私たちは日頃の自分を省みたり、普段では得られないようなひらめきをふと得たりするものです。

それは、寺院という神聖な領域で心のホコリが払われたからでしょう。

気づかないうちに、心には不安や怒り、執着や欲といったホコリや塵《ちり》がどんどんたまります。それが、あなたを迷わせ、悩ませているのです。

ですから、日々心のホコリを払いましょう。そのための方法は、これからたっぷりお話ししていきます。できそうだなと思うところから、ぜひ始めてください。

悩まない心 4

人の意見を聞き流す

何かを選択する時、こんなふうに自問自答することはありませんか？

「あの人は、何と言うだろう」「まわりからひんしゅくを買わないだろうか」「みんなから嫌われたらどうしよう」

人とのかかわりの中で生きている以上、自分の言動がどんな評価を得ているのか、他人から自分がどう思われているのか、まったく気にならない人は少ないはずです。

家族や上司、友人の助言が心に引っかかり、一度決めたことを変更した経験がある人もいるでしょう。

しかし、人の評価ばかり気にしていては、自分の人生を生きることはできません。

もちろん、あなたのことを思い、アドバイスしてくれる人の存在は大切です。

また、いくら自分の道を貫きたいからといって、周囲にしわ寄せがいったり、人を傷つけたりしてはいけません。

しかし、人の意見は、あくまでも「その人の考え」に過ぎません。いくら親身になってくれても、相手があなたの人生を代わりに生きてくれるわけではないのです。人の意見が気になるという人には、「回向返照《えこうへんしょう》」という禅語を贈りましょう。「外側ばかり見ないで、自分の内側を光で照らしなさい」という意味です。

心の中を明るく照らせば、進むべき道が自ずと見えてくるでしょう。そうすれば、人がなんと言おうとさらりと聞き流せる、そんな強さが持てるはずです。

私は庭園デザイナーをしていますが、庭園造りの最終調整の段階になると、ひとりで庭と向き合います。庭造りには大勢の人の力が必要です。しかし、その庭に命を吹き込む大詰めの場面では、自分自身と対話し、決断するしかないからです。

「禅の庭」は、禅僧が修行によって得た境地を抽象化し表現したものです。ですから、いよいよ最終的な仕上げになった時には、己《おのれ》ひとりの決断力が問われます。極限まで突き詰めた緊張感があるからこそ、「禅の庭」には独特な清冽《せいれつ》さが宿ります。

何事かをなすために必要なのは、人の評価や意見ではありません。自分の心を見つめる力と、そこに見つけた道を選べる強さです。

悩まない心 5

自分自身を信じる

ちょっとした買い物から人生の進路を決める時まで、情報収集は欠かせません。何事かを決める時、あなたは雑誌や本、インターネットを見たり、専門家や周囲の人にアドバイスを求めたりして情報を集めるでしょう。

しかし、選択肢が増えれば増えるほど、悩みは大きくなるものです。

そんな時、自分の納得できる決断をするためには、どうしたらいいでしょう。

ひと言で言えば、自分自身を信じることです。

自分の感覚や直感、判断力を信じる。そして、自分の選ぶ道を信じる。

これができれば、必ず納得のいく決断ができます。また、どんな結果になったとしても、そこから学びを得て「あれは、いい判断だった」と言えるようになります。

では、自分を信じるためにできることは何か。

それは、経験を積むこと以外にありません。いくら本を読んで感動しても、いい話を聞いて「自分もがんばろう」と奮《ふる》い立っても、頭で考えているだけでは何も変わりません。

考えるより、まず動く。これが、禅の考え方です。

行動してみると、うまくいくこともあれば、失敗することもあるでしょう。自分の情けなさにはがゆい思いをする日もあれば、有頂天になるほど嬉しい出来事が起こる日もあるはずです。

そのひとつひとつを、自分の身で体感する。これが、自信につながります。

そこには、本やインターネットで得た知識では絶対に得られない、達成感や充実感があるはずです。たとえ、失敗したとしても、明日の自分を支える貴重な教訓となるでしょう。それらの**経験がすべて糧《かて》となり、自分を信じる力となって、いい判断が下せるようになる**のです。

「人人悉道器（にんにんことごとくどうきなり）」という禅語があります。

人はみな、道を極める可能性を持っているという意味です。あなたの可能性をあなた自身が信じなくて、誰が信じるというのでしょうか。

悩まない心 6

「今」を基準にする

人生は、「今」の積み重ねです。最高の「今」を重ねていけるように日々努力する。禅では、それがもっとも重要なことです。

最高の「今」とは、この一瞬に全存在を集中して生き切ること。

それを禅では、「而今《にこん》」という言葉で表します。

「今」というこの瞬間は、刻々と過ぎていきます。同じ時間は、二度と訪れません。

過去や未来に生きるのではなく、「今」をひたすら生きていく。その瞬間瞬間の積み重ねが、充実した人生につながっていくのです。

道元禅師は、著書の『正法眼蔵《しょうほうげんぞう》』でこのように説いています。

「今時《こんじ》は人人《にんにん》の而今なり。我をして過去未来現在を意識せしめるのは、いく千万なりとも今時なり、而今なり」

つまり、「而今」とは「今この時」であり、過去や未来、現在のすべてを認識しているのは、たった今、この時なのだということです。

時間は、刻一刻と流れています。

呼吸を一回する。これだけの行為であっても、息を吐いた瞬間から見れば、息を吸った瞬間は過去になっています。

一瞬前の自分は、すでに「過去の自分」。言い換えれば、私たちは**毎瞬毎瞬、新しい自分を作っていける**のです。

過去や未来に人生を乗っ取られてはいけません。

何物にもとらわれることなく、この瞬間をのびのびと生きていけばいい。

今「これだ」と思う道を、気負うことなく選べばいい。

「どの道を選べばいいのだろう」とあなたを悩ませ、息苦しくさせているのは、他の誰でもない、過去や未来に思いを巡らせているあなた自身です。

しなやかに、今という一瞬を生きていきましょう。

一瞬もとどまることなく、美しく流れる清流がお手本です。

悩まない心 7

変化を怖れない

日本人の好きな花の代表格といえば、桜でしょう。

春の訪れとともに小さな蕾《つぼみ》が膨らみ、やがて色づいて、晴れやかに咲き誇る。満開の桜が咲き誇る光景は、誰もが待ちわびる春の風物詩です。

桜の魅力は、散り際の美しさにもあります。薄桜色の花びらがいっせいに風に舞い散る姿は、日本人の心の原風景のひとつと言っていいでしょう。

命は一時も留まることなく、変化する。同じ場所に留まっている物は何ひとつない。桜ほど、この真理を印象強く教えてくれる花はないかもしれません。

お釈迦様は、これを「諸行無常《しょぎょうむじょう》」という言葉で表現しました。すべては移ろいゆく。であるからこそ、物事にとらわれてはならない。これが、お釈迦様の教えです。

人生は変化の連続です。生まれ落ちた時から、誰もが毎瞬毎瞬変化しています。

外見や体力、身体能力、家族構成、住む場所、学校や職場の環境、趣味や興味の対象、好みや考え方、すべてが常に変化していきます。

たとえ、昨日と今日で見た目は変わっていないように見えても、「死」というゴールへ向かって、一歩ずつ歩みを進めているのです。

何事においても悩むことなくひょうひょうと生きている人は、人生での変化を怖れず、上手に受け入れているように見えます。過去や自分の持っているものに執着しない柔軟さがあるのです。

変化も、また良し。そんな大らかな姿勢で、物事に向き合ってみましょう。

桜の散り際が美しいのは、そこに悩みのない潔さがあるからです。

時が来たら、ひとかけらの執着も持たずに散っていく。変化を嘆いたり、過去に執着したりしない。花を散らせた桜はつややかな新緑を芽吹かせ、また来る春へ向かって刻一刻と変化しています。

今日、あなたの近くの桜は、どんな姿を見せてくれているでしょうか。その姿から学ぶことが、きっとあるはずです。

悩まない心 8

「今日が人生最期なら」と考える

ある日、ひとりの弟子が道元禅師にこう尋《たず》ねました。

「誰もが仏性を持っているのに、成功する人としない人がいるのはなぜですか？」

道元禅師は、ひと晩自分で考えるように言い渡します。しかし、それでもわからないと言う弟子にこのように答えました。

「成功するかしないかは、努力の差だ」

弟子は、一度は納得したものの、次の日また新たな疑問が湧きました。

「なぜ、努力する人としない人がいるのでしょうか？」

「努力する人には志があるが、努力しない人には志がない」と、道元禅師は答えました。なるほどと感銘を受けた弟子でしたが、ひと晩寝るとまた疑問が生まれます。

「なぜ、志のある人と、志のない人がいるのでしょうか？」

それを聞いた道元禅師は、こう答え、弟子は深く感じ入ったそうです。

「志のある人は、自分が死ぬということを知っている。しかし、志のない人は、自分がいつか死ぬという自覚がない」

もちろん、誰もが自分がいつか死ぬということは、「知って」います。しかし、その事実を我がこととして受け止めている人は、どれほどいるでしょうか。

のちに道元禅師は、「切に生きよ」と弟子に説いています。

いつ命が尽きるか、誰にもわからない。であるからこそ、今この瞬間を切実な気持ちで精いっぱい生き切れ。そう教えたのです。

私たちは、ついこのように思ってしまいます。「明日があるさ」

これほど魅力的な言葉はないかもしれません。今うまくいかなくても、明日はきっとうまくいく。そんな楽天的な気持ちになれます。

明日という日に希望を持って生きる。これも、大切なことです。しかしながら、明日という日の存在を、問題を先送りにする言い訳にしてはいけません。

今日この時、今この一瞬が、「最期の瞬間」である。切にそう思って生きる時、本当に大切なものが見えてきます。そしてその時、悩みの雲が晴れていくのです。

悩まない心 9

相手を変えようと思わない

「あの人さえ変わってくれたら」と思うことはありませんか？　「そうすれば、心に引っかかった悩みが一気に解決するのに……」と。

しかし、人の性格を変えようと思うほど、不毛なことはありません。小さい頃から何十年とつちかってきた性格が、一朝一夕に変わるはずがないのです。

相手を変えようと奮闘すればするほど、ストレスは溜まる一方。「これだけ言ってもわからないの!?」「私のことをバカにしているの!?」と消耗し、疲れ、泥沼にはまっていくだけです。

相手を変えたいと思うのなら、自分自身が変わりましょう。

「変わってくれたら、儲《もう》けもの」と割り切るのです。これができるようになれば、何があっても「この人は、こんな性分《しょうぶん》だから」と、悠然《ゆうぜん》と構えていられます。

そうすれば、やがて相手への期待を手放せて、気持ちに余裕が生まれます。その結果、相手が徐々に変わるよう、うまく誘導することも可能になるかもしれません。

どのように誘導するかというと、相手の長所を見て、伸ばしていくのです。

誰しも、欠点を指摘されればカチンときますが、ほめられれば嫌な気持ちはしません。欠点だけをクローズアップして見ていたら、イライラもするし腹も立つでしょう。しかし、視点を変えて見てみると、きっと相手のいいところが見えてくるはずです。そして、感謝できるようになるはずです。

「あなたって面倒見がいいよね」「気遣ってくれてありがとう。いつも助かってる」「さすが、情報通だね」。このように、**具体的に長所をほめて感謝の言葉を伝えましょう**。すると、その長所がどんどん伸び、いつしか短所が気にならなくなります。

「人はこうあるべき」といった理想像を他人に当てはめようとすると、自分自身が苦しむことになります。

世の中のすべてが思い通りになるわけではない。人を変えようとするのは、傲慢《ごうまん》なこと。そのように達観してみると、今までとはまったく違った新しい視点で、周囲をとらえられるようになるでしょう。

悩まない心 10

思い出にひたるのをやめる

思い出は美しく見え、失ったものは尊く見える。

これは、仕方のないことかもしれません。過去の記憶は、もう戻らないものだからこそいとおしく、何物にも代えられない輝きを放っているように思えるものです。

しかし、思い出を美化して、過去の自分や失ってしまった人間関係にこだわっていると、いつまでも未来に向かって歩き出すことができません。

古い思い出はスパッと忘れましょう。過ぎた時間にとらわれてはいけません。

もちろん、ふと昔をなつかしく振り返ることは誰しもあるでしょう。しかし、「あの時、ああすれば良かった」と悔やんだり、「あの頃は楽しかった。それなのに今は……」と落ち込んだりするのは、過去に引きずられている証拠です。

どんなに望んでも、過去に引き返すことは絶対にできません。それなのに、後生大事に思い出を抱えていたら、重くて前へ進むことができませんね。

確かに、過去の経験は大切な財産です。楽しかった思い出は心を豊かにし、悩んだり苦しんだりしたことは、あなたを人間的に成長させてくれたはずです。しかし、悩みから抜け出すために必要なのは、思い出を懐かしむことではないのです。

つい昔を振り返ってしまいがちな時には、近くの山や海へ足を運び、大きく深呼吸してみましょう。

思い出をすべて吐き出し、その代わり、さわやかな空気をおなかの底まで吸い込むのです。何回かくり返していると、生まれ変わったような心地がするはずです。抱えているものを手放せば、心も身軽になります。

もし時間がなければ近所の公園でもいいですし、窓を開けて外の景色を見ながら深呼吸してもいいでしょう。

スポーツやウォーキングなどで体を動かすのもお勧めです。心臓の鼓動を感じ、汗をかき、心地よい疲れを感じたら、生きている実感が湧いてくるはずです。

そうやって自分でリセットできるようになったら、楽しみにしていてください。過去を断ち切ったあなたに、新しいスタートが待っているはずです。

悩まない心 11

「禅の庭」を観賞する

白砂と石だけで大自然を表した禅寺の庭を、枯山水《かれさんすい》と言います。

その始まりは、山寺から里の寺に移り住んだ禅僧たちが、かつて修行した深山幽谷《しんざんゆうこく》の自然を庭に再現したことだと言われています。禅僧は枯山水と対峙《たいじ》しながら、禅の道を深めていきました。

枯山水ほど、造る側の力量が問われるものはありません。水や樹木を一切用いず、白砂と石というシンプルこの上ない素材で構成するため、作り手の美意識やあり方によって雲泥《うんでい》の差が出るのです。

日本の代表的な枯山水を挙げるなら、京都龍安寺《りょうあんじ》の石庭《せきてい》でしょう。石庭は、どこから観ても緊張感が漂い、背筋がピンと伸びる思いがします。また、観れば観るほど奥深さがあり、いつまで経っても見飽きるということがありません。

観る側が、何百年もの時代を超えて庭の作り手と感応しあい、対話できる。作る側と観る側が、庭を通してひとつになれる。そこが、日本の庭の素晴らしさです。

書画や工芸、文芸など日本の芸術に関しても、同じことが言えるでしょう。

日本の芸術は、「間」や「余白」、「沈黙」を重んじます。

たとえば、水墨画は墨の一色をもって、色を超えた「色」を表そうとします。

また、短歌や俳句は、決められた文字数の中で宇宙をも表現しようとします。

ですから、作る側のみならず、観る側の力量や心のありようも問われます。つまり、作品から何を読み取り、その芸術をどれだけ理解できるかは、観る側にかかっているとも言えるのです。そして、私たち日本人は、言葉や絵や文字をもっても表現し得ない「表現」を汲《く》み取ろうとする高度な文化を備えているのです。

先人たちが創り上げた作品と向かい合う時、私たちの心は、そこから何かを感じ取り変化していきます。

煩悩や雑念でいっぱいでは、作り手が込めた思いや美意識を受け取ることができません。常に、目を、耳を、心を澄ませ、作品と向き合おうとする姿勢が、作品の世界観と一体になり、悩みのない新しい生き方を示してくれるのです。

悩まない心 12

守られていることを知る

「この判断は間違っていなかっただろうか」「この道を選んでよかったのだろうか」強い信念を持って決断しても、ふと迷いが浮かんでくることはあるものです。

そんな時、こう思ってみてください。

どんな時も、仏様が見守ってくださっている。

努力を重ねていれば、導きは必ずある。

中国の伝奇小説『西遊記』に、こんな話が出てきます。

主人公の孫悟空から「俺を神にしろ」と迫られたお釈迦様は、自分の手のひらから飛び出せたら、願いを叶えてあげようと答えます。それくらい簡単だと、悟空は觔斗雲《きんとうん》に乗って飛び立ち、世界の果てに違いないと思う山にたどり着き、自分が来た印を書き残して意気揚々《ようよう》と戻ってきます。しかしその山は、お釈迦様の中指にしか過ぎませんでした。

所詮、人間はお釈迦様の手のひらの上で踊らされているだけ。人の力の及ぶところなど限られているのかと、やる気をなくしたでしょうか。

しかし、がっかりしないでください。誰も自分のことは見てくれていないと思う時でも、仏様はあたたかい眼差しを注いでくださっています。

ですから、安心して思うままに進んで行けばいいのです。

時には、この世で自分ひとりだけがつらい思いをしていると感じる日もあるでしょう。そうやって肩を落としているあなたの姿も、仏様が見守っています。

仏様は、どんなあなたであっても、判断したり、裁いたりしません。いつも、どんな時も、慈悲《じひ》の光を注いでくださいます。

常に、その光に照らされているのですから、不安も怖れも抱くことはないのです。

安らかな心で身を天に任せ、人生の道を選んでいきましょう。

「安心立命《あんじんりゅうみょう》」という禅語は、このことを教えています。

何の悩みも煩いも持つことなく、仏様に守られた世界を一生懸命歩いて行く。そうすれば、あなたの命を最大限に輝かせることができるのです。

悩まない体 1

丹田を意識する

忙しさを理由に、先延ばしにしていることはありませんか？　やらなければならない仕事があるのに、いつまでもぐずぐずしている。メールの返信をしなければいけないのに、何日も過ぎてしまった。いつかやろうと思っている学習教材が、本棚の隅でホコリをかぶっている。

心当たりがある人は、まず下腹にグッと力を入れましょう。どうですか？　ゆるんでいた気持ちがシャキッとしませんか。

下腹に力を入れるといっても、筋肉を無理に収縮させておなかを固くすることではありません。下腹の一点、具体的に言えば、おへその下二寸五分、約七・五センチのところにあると言われる「丹田《たんでん》」に意識を集中させるのです。

丹田とは、東洋医学で気が集まると言われる場所。

柔道や剣道、弓道などの武道では、「腹（肚《はら》）」の力を重視しますが、これは、そこに丹田があるからです。**丹田を意識し、そこに力を込めることで、能力を最大限に発揮できる**のです。

たとえば「腹をくくる」「腹にすえかねる」「腹に納める」など、日本には腹に関するさまざまな慣用句があります。これも、すべて丹田の存在が関わっています。

また、何事にも動じずどっしりと構えていられる人を「あの人は腹がすわっている」と言いますが、そんな人は丹田に気がしっかりたまり、気力が充実しています。

イライラしている時、気ばかり焦って何も手につかない時、「このままではいけない」「どうすればいいだろう」などと頭の中はフル回転で動いているものです。しかし、丹田に意識が行っていないので、思考だけが空回りして行動が伴いません。

何かを決断しなければならないのに、グズグズ迷い、悩んでいる時も同じです。いつまでも物事を決められないのは、頭で堂々めぐりをしているからです。

丹田に意識を集中させ、深い呼吸をゆっくりとくり返してみましょう。次第に、気が落ち着くのがわかるでしょう。

すると、やがて覚悟を持って、「腹を決める」ことができるはずです。

悩まない体 2

呼吸を一〇回数える

丹田を意識して深い呼吸をすることを、丹田呼吸と言います。

丹田呼吸は、坐禅の基本となる呼吸法です。腹式呼吸の要領で、丹田に気を集中させるイメージで鼻から呼吸していきます。やり方をご紹介しましょう。

まず、おなかをへこませながら静かに息を吐いていきます。吐き切ったら、今度は息を吸います。無理に吸い込もうとしなくても、息を吐き切れば自然に空気が入ってくるので大丈夫です。この時、へこんでいたおなかがふくらみます。このくり返しです。

丹田呼吸をすると、体内に酸素が十分に取り込まれるため、血流が良くなり脳が活性化します。気分もリフレッシュできます。

心がざわつく時や気がかりなことがある時、なんとなく気分が晴れない時は、胸式呼吸になり、呼吸が浅くなっているものです。多くの人が、その状態で無理をしてがんばってしまうので、さらに疲れて心がすり減っていきます。

「なんだか、ムシャクシャするな」「気分が落ち込んでいるな」と感じる時、少し時間を取ってこの丹田呼吸をしてみてください。

心が落ち着いたと感じるまで続けてもいいのですが、手早く気分転換できるシンプルな方法があります。

丹田呼吸をしながら、一〇まで数を数えてみてください。

呼吸を数えながら組む坐禅を「数《す》息観《そくかん》」と言います。数息観では、基本的に一〜一〇まで呼吸に合わせて数え、一〇まで数えたらまた一に戻ります。そうやって**数を数えることで、呼吸に集中し、「無心」になっていく**のです。

丹田呼吸のいいところは、いつでもどこでもできることです。

普段の生活で本格的に坐禅を組むのはハードルが高くても、その場で一〇回丹田呼吸をすることはすぐできるでしょう。一からゆっくり息を数えていくと、それまで刻んでいた慌ただしいリズムがリセットされ、自分本来のペースに戻れます。

ぜひ習慣化して、迷いや悩みを手放しましょう。

悩まない体 3

背筋を伸ばす

「あのクレーム、どうやって解決しよう」「今度の上司とは、どうしてもソリがあわないな」「どうしたら、子どもが私の言うことを聞いてくれるのだろう」……。

そうやって思い悩んでいる時の自分の姿を想像してみてください。

どんな姿勢をしていますか？

力なく肩を落とし、首はうなだれて、背筋は曲がっているのではありませんか。そして、ため息のひとつもついているのではないでしょうか。そのままの姿勢でじっとしていたら、問題を打破する良い案が出る可能性は少ないはずです。

姿勢は、その人のキャラクターや精神状態をよく表しています。

いつも下を向いてばかりいる猫背の自信家の人はいませんし、肩をいからせて胸を張っている小心者も見かけません。また、悶々と悩んでいる時や憂鬱《ゆううつ》な気分でいる時は、誰もがうつむき深刻な顔をしていますが、嬉しいことがあった時は、堂々とした晴れやかな笑顔を輝かせています。

悩みを打ち破りたいなら、まず姿勢から変えてみましょう。

前かがみの姿勢がクセになっていると、考え方まで消極的になり、後ろ向きになってしまいます。逆に、**姿勢を正して口角を上げ、笑顔になると、なんとなく気分が晴れやかになるもの**です。

姿勢は一瞬で変えられます。天井から頭を吊られているような感覚で、背筋をスッと伸ばすのです。それだけで、体全体がシャキッとして気分が一新します。

禅では、形を整えることは心を整えることだと考えます。

ですから、禅寺では一片のゴミもないよう境内を掃き清め、本堂の床や柱をピカピカに拭き上げます。修行の場である寺を徹底的に掃除し磨き上げることで、禅僧自身の心も磨き、整えているのです。禅寺を訪れると、背筋が伸びる思いがするという人は多いですが、それは、空間が醸《かも》し出す心地よい緊張感を、無意識に感じ取っているからでしょう。

今この場で顔を上げ、背筋を伸ばしましょう。きっと違う風景が見えるはずです。

悩まない体 4

肩の力を抜く

真面目な日本人が陥りやすい思考パターンがあります。

「○○しなければならない」「○○するべきだ」と考えるパターンです。

自分自身の思いよりも、人の都合や常識を優先してしまう。自分がかかげた目標を達成するために、猪突猛進《ちょとつもうしん》でがんばっている。そんな人たちは、ほぼこの考え方を持っていると言っていいでしょう。

彼らは、人への思いやり、義務感や使命感の強い人たちです。まわりから見たら、「いい人」「がんばっている人」かもしれません。しかし、「ねばならない」と考える人の心には、ある思いが隠されています。「本当は○○だけど」という思いです。

本当は、自分の希望や考えがあるのに、それを脇に置いたまま進んでいると、心の中には迷いがいつまでも居すわり続けます。そうすると、いつも肩に力が入り、リラックスできません。心にモヤモヤした気持ちを持ち続けてしまいます。

少し肩の力を抜きましょう。「人から良く思われたい」というとらわれや、常識という荷物を肩から降ろして、楽になりましょう。

あなたは、自分自身のために生きていいのです。

肩の力を抜くと言われても、どうすればいいかわからないという人が時々います。

そんな人は、両肩を両耳に向かってギューッと持ち上げ、ストンと落としてみましょう。それを、二、三回くり返してみてください。

肩の力が抜けて、楽になっていませんか？　気分がスッキリしていませんか？

「これは、必ずやらなくちゃ」「絶対に、こうするべきだ」

そんな縛りを手放せば、他人や常識に縛られない自由な感覚が芽生えてきます。

私たちは、生まれて、生きて、死ぬ。ただそれだけの存在です。

何も思い煩う必要はありません。「でも……」と思うのなら、形を整えれば心が整うということを思い出してください。

まず、肩の力を抜く。そうすればいつもくつろぎ、ゆったりした心で生きられます。悩むことなく、あなたらしい道を選べます。

悩まない体 5

自分のリズムで歩く

あなたは、一日どのくらい歩いているでしょうか?

一万歩を目標にしているという人もいれば、今日は家からほとんど出なかったという人もいるでしょう。

しかし、「一歩も歩かなかった」という人は、病気やケガでもしていない限り、いないはずです。私たちは、歩かなければどこへも行けません。

歩くことは、生きること。とても大切な行為です。

実は、歩くという動作を通して、私たちは呼吸や体を整えています。

大地を一歩ずつ踏みしめて進むことで、呼吸が一定のリズムを刻み、体温や血流が上がって、内臓の働きや気の流れが活性化するのです。

最近では、歩くことの大切さが見直され、ウォーキングを習慣とする人も増えていますね。しかし、日常の中の歩くという行為に普段から意識を向けている人は、そう多くないのではないでしょうか。

町を歩く人を観察してみてください。ぼんやりと考えごとをしながら上の空で歩いている。時間に追われて、せかせかと足早に歩いている。イヤホンから聞こえてくる音楽に夢中で、心ここにあらずで歩いている。

頭と体がバラバラで、バランスがまったくとれていない。こんな人が多いのではないでしょうか。もしかすると、あなた自身もそのひとりかもしれませんね。

歩く時は、常に「自分のリズム」を意識してみましょう。

自分が心地よいと感じるリズム、心が平静な状態を保てるリズムです。

「歩歩清風起（ほほせいふうをおこす）」という禅語があります。

一歩ごとにすがすがしい風が起きるような、さわやかな心持ちで前進する姿を表しています。まとわりつく迷いを脱ぎ捨てるつもりで、自分らしいリズムで一足一足さっそうと進みましょう。すると、歩幅が定まります。そして、視界が開けてきます。歩くのが楽しくなるはずです。

その歩みが、あなたの人生に清風を呼び込んでくれるでしょう。

悩まない体 6

空を眺める

考えあぐねている問いの答えが、フッと心に浮かぶことがあります。

「あ、そうか！」と、思わず膝《ひざ》を打つ瞬間です。

それは、たいていゆったりとくつろいでいる時、心からリラックスしている時ではないでしょうか。

たとえば、帰宅してお風呂に入りひと息ついている時、トイレに入っている時、お茶をのんびり味わっている時……日常のエアポケットのような瞬間に、天から降ってきたように、ポンと答えが浮かんだ。そんな体験をしたことがある人は多いはずです。

なぜ、いくら頭をひねって真剣に考えてもわからなかった答えが、ボーッとしている時に限って出てくるのでしょうか。

それは、その瞬間、人は無心になっているからです。

何も考えないし、思い煩わない。**心が空っぽになった「無」の状態。その時に、悩みの答えが現れます。**禅では、その状態を「非《ひ》思量《しりょう》」になると言います。

しかし、「さあ、非思量の状態になりましょう」といっても、できるものではありません。ただ、静かな時間を作り、心を解き放つことはできます。

一番いいのは、自然の中で心ゆくまで過ごすことです。自然に触れると心が解放され、のびのびとした気持ちになれます。

近くに自然がないという人は、空を眺めてください。

どんな場所から見上げても、空はどこまでも果てしなく広がっています。そして、一瞬たりとも同じ姿をしていません。

空を見上げ、深呼吸をして、しばらく何もせずに過ごしてみましょう。

たった、五分でいいのです。実際に空を見上げてみると、五分とはこんなに長い時間だったのかと驚くでしょう。そして、心まで日光浴したような気分になり、何もしない、何も考えない時間のぜいたくさに気づくでしょう。

悩みが消えるのは、そんな「無為」の時間です。

悩まない体 7

風の音に耳を傾ける

私のデザインした庭に「閑坐庭《かんざ》」と名づけたものがあります。「閑坐聴松風（かんざしてしょうふうをきく）」という禅語にちなんで名づけた庭園です。ひとり坐って、風が松葉を揺らす音を聴いている。そんな静けさを感じて欲しいという思いを込めて命名しました。

松葉が風にそよいでいる音は、なんとも清涼感があり、心地よいものです。

しかし、実際にその音を聴いたことがある人は少ないのではないでしょうか。めまぐるしい日常の中では、風の音に耳を澄ませることなどほぼできないのが現実です。朝起きて、仕事をして、家事や育児をこなして、眠る。そのくり返しであっという間に一週間、ひと月、一年が過ぎてしまいます。

しかし、ふと立ち止まり、松の前に立って風の音に耳を傾けてみると、確かに風が松葉を揺らす音が聴こえるのです。

それは、耳を澄ませていなければ聴き取れないようなかすかな音です。風が吹くたびにサラサラと心地よく響き、心の中にまで涼風が吹いてくるような感覚を味わえます。

もし、不平や不満、わだかまりに気をとられていたら、そんな小さな音には気づけないでしょう。**気がかりなことを手放し、心に余裕があるからこそ、自然が与えてくれる豊かな響きに気づくことができる**のです。「美しい音だな」と風の音色に聴き入るその瞬間、あなたは自然と一体になっています。

風の音に耳を澄ます心の余裕を持ちましょう。

歩みを止めれば、手を休めれば、風が木の葉を揺らす音を感じることができます。風が頬《ほお》を撫《な》でる感触に気づくことができます。

自然はいつでも私たちに豊かな時間をもたらしてくれています。

感謝してその豊かさを受け取るのか、それとも目先のことに手一杯で、見過ごしてしまうのか。

ここにも、人生で良い選択ができるかどうかの鍵があるように思います。

悩まない体 8

早めに眠る

日本人の平均睡眠時間は、二〇一〇年の調査で平均七時間一四分。調査を始めた一九六〇年より一時間減っているそうです。これは世界的にも短時間で、ある調査では、最下位の韓国に次いで二番目に短かったという結果が出ています。

健康のためには、七～八時間の睡眠が必要と言われています。私自身の睡眠時間は六時間前後ですが、自分のリズムに合っているので毎日快調です。以前、あるイベントで睡眠の状態を計測したところ、深い睡眠状態に入っている時間が六時間中、五時間四〇分で、他の方の二倍以上あり驚かれたことがあります。

心を安定させ健康を保つには、規則正しく質の良い睡眠をとることが重要です。特に、頭を明晰《めいせき》に働かせ、穏やかな精神状態を保つために、毎日の睡眠は重要な役割を担っています。睡眠も、迷わない人生を送るための大切な要素だと考えましょう。

睡眠不足が続くとイライラして人に当たりたくなったり、仕事の能率が落ちたりするのは、誰もが経験上知っているでしょう。しかし現実には、つい夜更かしをして、翌朝眠い目をこすりながら起き出してくる。そんな人も少なくありません。

自分は宵《よい》っ張りだという人は、起床時間から逆算して就寝時間を先に決めましょう。そして、その三〇分前にはパソコンやスマホから離れて、静かに過ごすのです。好きな本を読んだり、アロマを焚いたり、軽くストレッチしたりしているうちに、次第に眠気が訪れるはずです。

床に入ってあれこれと考えてしまい、目が冴《さ》えて眠れないという人は、考え事は家の中に持ち込まないと決めてしまいましょう。**玄関をひとつの「結界《けっかい》」ととらえて、外から家に入ったら、煩わしいことは一切考えない**と決めるのです。そうすると、意識をポンと切り換えることができます。

「今日も一日やりきった」と思える日も、「もっとがんばれたかもしれない」と思う日も、今日という日は終わりです。完全にリセットして、明日というまったく新しい一日を迎えましょう。

悩まない生活 1

手紙を書く

メールの普及に伴って、手紙を書く機会がめっきり減りました。しかし、悩まない心を育てるために、手紙の存在もぜひ見直して欲しいのです。

なぜ、手紙を書くことで悩まなくなるのか、不思議に思うでしょう。ものは試しです。自分の気持ちがわからなくなった時、答えの糸口すらつかめそうもない時、あなたの信頼できる人、この人に自分の話を聞いて欲しいと思える人に手紙を書いてみましょう。

その手紙を出すか出さないかは、重要なことではありません。自分自身に宛てて、手紙を書いてもいい。書くという行為によって、自分自身を見つめ直すこと。これこそが、悩みから抜け出すために必要なことなのです。

手紙は、手間も時間もかかります。クリックひとつで世界中どこでも瞬時に送信できるメールのほうが、便利で効率もいいでしょう。

しかし手紙には、メールにはない良さがあります。たとえば、受け取ったメールにカチンときて感情的に返信し、問題がエスカレートした。書きかけのメールをうっかり送信してしまい、恥ずかしい思いをした。そんな経験はないでしょうか。

メールは手軽ではありますが、じっくりと思慮《しりょ》し、コミュニケーションするツールにはなりにくいのです。一方、手紙を書く時は、便箋に向かって、一文字一文字、文章を書きつづっていきます。その行為が、自分を内省する時間になります。**手紙を書いているうちに、それまで自分でも気づかなかった感情に気づける**ことも少なくありません。自分の思いを伝えたい。そう考えながら筆を走らせることで自分と向き合い、漠然とした気持ちが整理できます。

過去、多くの禅僧が数々の手紙や書を書き残してきました。禅僧もまた、文字を書くことによって自らと対峙してきたのです。名僧たちの文字には、品格と迫力が感じられます。それは、彼らが自分を厳しく見つめた証しです。

ひとつの点、ひとつの線に思いを込めて、手紙を書いてみましょう。あなた自身も気づかなかったあなたの存在が、悩みを払ってくれるかもしれません。

悩まない生活 2

ひとりになる時間をつくる

人里離れた山中で、ひとり静かに過ごすことを「山中の山居」と言います。鎌倉時代に鴨長明《かものちょうめい》が書いた『方丈記《ほうじょうき》』に出てくる言葉です。

鴨長明は晩年出家して、京都の日野山に小さな庵を結びました。そこでつづられた『方丈記』の冒頭「ゆく川の流れは絶えずして、しかも元の水にあらず」は、静かな山中で彼がたどり着いた無常観をよく表しています。

他人に邪魔されることもなく、仕事や用事に急《せ》き立てられることもない。鳥のさえずりや葉ずれの音に耳を傾けながら、心静かに一日を過ごす。

そんな隠遁《いんとん》生活は、禅僧の修行の理想とされました。実際に、密教を学んだ西《さい》行《ぎょう》や曹洞禅の良寛《りょうかん》などの名僧をはじめとして多くの禅僧が、山中での修行生活を送っています。

現代で、山中に独居するのは現実的に難しいでしょう。しかし、日常の中でひとりになり、自分自身を見つめる時間をつくることはできるはずです。

周囲に気兼ねすることもなく、素の自分に戻れる時間。

自由気ままに心を遊ばせることのできる時間。

終始人に気を遣い、自分の立ち位置を確保するために奮闘している日常の中で、そんな時間を持つことは、最高のぜいたくではないでしょうか。

自分の部屋で、お茶をゆっくりと飲みながらひと息つく。心ゆくまで公園のベンチに座って過ごす。お気に入りのカフェに入り、コーヒーの香りを楽しみながらくつろぐ。ひとりで、ただひたすらボーッとするのです。

茶人の千利休は、日常でひとり静かに過ごすことを、「市中の山居」と名づけました。誰にも見せることのない、ありのままの自分と素直に向き合う。毎日の中でそんな時間を持つと、それまで見失っていたことに気づくはずです。**普段は聞こえない心の声が聞こえてくるはず**です。

「市中の山居」のぜいたくをたっぷりと味わいましょう。

ひとりの時間は、次の一歩を決めるための大きな指針を与えてくれるでしょう。

悩まない生活 3

無駄な物を捨てる

「迷己逐物《めいこちくぶつ》」という禅語があります。

「己に迷って物を追（逐）う」と読み下します。自分自身を見失い、お金や物へ執着している状態を表す言葉です。

あなたは、心が満たされない時、物によってその空しさを埋《う》めようとしていないでしょうか。自分の内側を見たくない時、外側に目を向けることでごまかしていないでしょうか。

禅寺には、無駄な物が一切ありません。それは、修行の妨げになるからです。

悩みから抜け出し、心を整理してスッキリしたいなら、まず物を捨てることです。

部屋は、その人の心を映し出す鏡です。部屋が散らかっている人は、心も散らかっています。逆に、部屋が美しく整えば、心の乱れも整うでしょう。

今の私に本当に必要な物は、何だろう。

そう思って、部屋を見回してみてください。きっと、手放すべき物の多さに驚くはずです。そうしたら、一念発起してさっそく片づけを始めましょう。

実際に不要な物を捨て、部屋を片づけると、わかるはずです。要らない物を手放すと、心がスカッとすることが。

無駄な物は、目に見えるものばかりとは限りません。

あなたには、もう手放していい思い込みや、捨ててしまったほうがいい感情はありませんか？

「私（あの人）は〇〇な人間だ」「〇〇は苦手（嫌い）だ」という思い込み、「あの時、つらい思いをした」「悲しかった」という過去の出来事に対する感情。

そんな思い込みや感情は、目には見えなくても心の荷物となって、あなたの足取りを重くします。そして、あなたを悩ませます。

今まで持ち続けていた物を捨てるのは、少し勇気がいるかもしれませんね。

しかし、生き方を変えたいなら、持っている物に執着せず、無駄な物を手放すこと。シンプルになること。これ以外に、ありません。

悩まない生活 4

一輪の花を飾る

整然と片づいた部屋の一隅に、季節の花が一輪挿してある。

その凛《りん》とした美しさを感じる心を、私たち日本人は持っています。一輪の花に、凝縮された大自然の姿を見る感性を備えています。

一輪でいいのです。部屋に花を飾ってみましょう。

花屋には、色とりどりの花が並んでいます。その中で、気に入った花を買い求めましょう。もしも、自宅の庭に花が咲いていれば理想的です。

家に入ったら、枝葉や茎を切り落とし、丁寧に整えます。そして、一輪挿しに活け、その花が美しく見える向きを探します。すると、「ここしかない」と思えるポイントがあるはずです。その花の「あるべき姿」がそこにあります。

その時間、あなたは花と対話し、自然と向き合っているのです。自然と向き合うということは、自己と向き合うことです。そんな時間を持つことが、心の雑音を小さくし、悩みから抜け出すヒントをくれます。大げさに聞こえるかもしれません。しかしこれが、庭造りをしながら日々石や樹木と向き合っている私の実感です。

一輪挿しがなければ、空き瓶でもコップでもいいのです。花屋に行く時間がなければ、道端の草花を摘んできてもいいでしょう。

心を込めて整えた花を飾ると、そこに調和の取れた空間が生まれます。

バラやユリであれば、その存在感で部屋の雰囲気をガラッと変えてくれるでしょう。たとえ、普段は嫌われ者のドクダミの花一輪であったとしても、よく見てみると可憐なものです。楚々《そそ》とした清涼感を部屋にもたらしてくれるはずです。

その姿を美しいと感じることが平安へとつながり、心のホコリを払ってくれます。

花を飾った後は毎日水を換え、茎を少しずつ切り落として、その命が長く持つよう手をかけてあげましょう。

自然は、刻一刻と変化します。蕾が開き、美しく咲き誇った後は、やがて枯れていく。その姿から、今この瞬間を丁寧に生きることの大切さに気づけるでしょう。

たった一輪の花から、私たちは多くのことを学べるのです。

悩まない生活 5

毎朝、決まった時間に起きる

禅の修行道場（僧堂）では、一日のスケジュールがきっちり決められています。僧堂により多少の違いはありますが、一般的には、起床は午前四時、就寝は午後九時。一年三六五日、それが変わることはほとんどありません。

起床後は洗面を済ませ、朝の坐禅を開始。それから就寝まで、坐禅の他に、作務《さむ》（掃除や料理など、寺の運営に関する仕事）、読経《どきょう》、座学など、やるべきことがすべて決められています。

ですから、悩むことがない。正確に言えば、悩む時間がないのです。

何かが欲しいと思う暇もなければ、自分はこの先どうすればいいのだろうと考える暇もありません。ただひたすら、目の前にある「やるべきこと」を坦々《たんたん》と真剣にこなしていく。それが、雲水たちの修行生活です。

普通の生活では、雲水のようにやるべきことをすべて決めるのは、もちろん無理でしょう。ですが、起床時間だけでもきちんと決めましょう。また、決めた時間に必ず起きるようにしましょう。

そうすれば、「もう少し寝ていようかな」とぐずぐず迷うこともありません。「あぁ、寝過ごした！」とあわてて、朝からあたふたすることもありません。

決めた時間に必ず起きるためには、夜は早めに休むことも必要です。夜更かしするのがクセになっている人は、習慣を見直さなければならないかもしれません。

しかし、決まった時間に起きるようになれば、生活に一本の筋が通ります。それは、心にもしっかりした軸ができるということです。

決まった時間に起きるメリットは、他にもあります。季節や身心の変化に敏感になれることです。定時に起きると、窓から見える朝日の位置や外の明るさが日々変わっていくことが、実感できます。また、起きた時の気分や体調の微妙な変化に敏感になれます。それは、感性を磨く訓練になります。

また、**規則正しい生活で毎日にリズムが生まれると、健康になるだけでなく、心にも余裕が生まれます**。その余裕が、悩まない生活へとつながるのです。

悩まない生活 6

「やらないこと」を決める

実はやりたくないのに、断り切れずに仕事や役職を引き受けてしまった。相手の機嫌を取るために、ついお世辞を言ってしまった。

そんなふうに、本心とは違った行動をして後悔した経験はありませんか？

あなた自身の本当の気持ちが「ＮＯ」ならば、無理してやりたくないことをやる必要はありません。気乗りしないことを依頼されたら、きっぱり断ればいいですし、自分の得になるからと心にもないことを言わなくてもいい。自分の気持ちに素直に従い、行動していけばいいのです。

本音とは別のところで動いていると、いつか心にひずみがうまれてしまいます。本音と建て前がぶつかり合い、葛藤や悩みとなってしまうのです。

なぜ、本心と違う行動をとってしまうのか、考えてみましょう。

そこには「人から良く思われたい」という欲や、「嫌われたくない」という怖れが働いているのではないでしょうか。他にも、さまざまなとらわれや執着から、本心ではない選択をする場合もあるかもしれません。

しかし、自分がどう生きたいのかをしっかり決めれば、本音と建て前の間で揺れ動かなくてもよくなります。やりたくないことを無理してやる必要もなくなります。

一度、自分の価値観や人生観と照らし合わせて、「やらないこと」をリストアップしてみましょう。

「やることリスト」を作る人は多いかもしれません。しかし、あえて先に「やらないこと」を決めるのです。そのほうが、人生がシンプルになります。

何かに悩んだら、**常に「やらないことリスト」に立ち戻る。**

そうすると、自分が望む生き方をそのつど確認できます。

あくまでもリストはひとつの指針ですから、こだわりすぎてはいけません。また、自分の状況や心境が変われば、見直す必要があります。ただ、書き出しておくことで心が整理されます。ですから、常に悩むことなく自信を持って、自分が本当にやりたいこと、やるべきことだけを選べるようになるのです。

悩まない生活 7

思い立ったら、すぐ行動する

人生を前に進めるために、もっとも欠かせないこととは何でしょうか？　思索《しさく》して悟りを得ることでしょうか。あるいは、素晴らしい出会いを求めることや新しい知恵を得ることでしょうか。いいえ、違います。

それは、行動することです。

「なんだ、そんな当たり前のことか」と笑う人もいるかもしれません。しかし、この当たり前のことがなかなかできないのです。

「あの国に行ってみたいな」「あの人に連絡してみよう」「健康のためにジョギングを始めよう」

ふと、やりたいことや行きたい場所がひらめいても踏ん切りがつかず、「いつか」「また今度」で終わっている。そんなことがあるのではないでしょうか。

さて、その「いつか」や「今度」が来るのはいつでしょう。

漠然と「ああでもない、こうでもない」と考えている間に、小さな一歩を踏み出してみることです。行きたい国のガイドブックを買う。連絡したい人のアドレスを探す。近所のコンビニまででいいから走ってみる。

そうすることで、人生が動き始めます。

禅では、行動を重んじます。ですから体を使って、作務にいそしみ坐禅を組むのです。そうだからといって、頭を使って考えるのが悪いわけではありません。ただ、考えてばかりで動かなければ、いつまで経っても悩みが去ることはない。実践こそが、すべてなのです。

「冷暖自知《れいだんじち》」という言葉があります。

器に入っている水が冷たいのか、熱いのか。ただジッと見つめているだけでは、どんなに一生懸命考えても永遠にわかりません。しかし、実際に飲んでみれば、あるいは、手を浸してみれば、一瞬でわかります。

悩みながらでもいい。実際に手を使い、足を動かして行動していくことです。ひとつ動けば、ひとつ悩みが晴れる。その心地よさをぜひ知ってください。

悩まない生活 8

家族全員で食事をする

家庭は、安心して自分をさらけ出せる場所です。

どんなにつらいことがあっても、家に戻ればホッとひと息つける場所がある。「おかえり」と、迎えてくれる家族がいる。これほど、心強いものはありません。

しかし、あまりに身近であるがゆえに、そのありがたさに気づかないのが家族という存在かもしれません。

本当はかけがえのない存在であるのに、仕事や他人とのつき合いを優先して、ゆっくり話す時間もとれない。あるいは、外でたまったうっぷんやストレスをぶつけて、家の中が険悪な雰囲気になってしまう。

本来は安らぎの場所である家庭がそういう状態では、二四時間緊張して過ごさなければならなくなってしまいます。

ちょっと思い出してみてください。あなたは、親や子どもも、夫や妻、あるいはきょうだいと、最近ゆっくり語らっていますか？　自分の本音を伝えていますか？

最近では、親は仕事、子どもは塾や部活動、あるいはアルバイトなどで、家族全員そろって食卓につく機会が減ってきたといいます。家族がいるのに、ひとりで食事をとる「個食」という言葉も耳にするようになりました。

せめて週に一度、それが無理なら、ひと月に一度でもいいですので、家族全員で食卓を囲みましょう。

テレビは消して、会話しながら食事するのです。家族ですから、何を話そうかと構える必要はありません。何気ない近況報告で十分です。家族であれば、その表情や口調から、相手が今どんな状況なのか窺い知ることができるはずです。

できれば、食事だけでなく、料理や後片づけもいっしょにやるといいでしょう。食事を作って食べるという行為は、家族の距離をグッと近づけてくれます。

常に自分を気遣ってくれる存在がいる。グチを受け止めてくれる相手がいる。家庭という自分自身の居場所が、しっかりと根を張っている。そんな安心感があれば、人は自信を持って、さまざまな場面で選択をしていくことができます。

悩まない生活 9

当事者になってニュースを見る

「私は、すぐ人の意見に流されてしまうのです」と、おっしゃる人がいます。

たとえば会議で意見が紛糾《ふんきゅう》した時に、ある人がAと言えば「確かにそうだ。Aが正しい」と思い、別の人がBだと反論すれば「Bも一理ある」と納得するそうです。

誰しも自分なりの見解や意向は、心の中にあるものです。しかし、その意思を自分ではっきり認識できないために、人の意見に左右されるのではないでしょうか。

人生の「主人公」は、あなたです。主体性を持って物事と関わってみましょう。そうすれば、自分の意思を自覚できるようになります。

主体性は、訓練次第で育てることができます。

今日から、さまざまな社会問題や経済問題を、「自分だったらどうするか」という視点で見てみましょう。財務大臣になったつもりで、税制の問題を考えてみる。

認知症の家族を介護しているつもりで福祉問題を考察してみる。あるいは、農家の跡取りになったつもりで、農業問題を判断してみる。

「当事者」になってみると、いつもは漫然と受け止めていたニュースが、すべて「我がこと」になってきます。これが、大きな訓練になるのです。

興味のある問題だけで構いません。当事者になって思考し、自問自答をくり返す。その過程で、次第に自分の意見が明確になります。それを続けることで思考する習慣がつき、何事も人任せにせず、自分の意思を主張できるようになります。

単なる**思考力だけではなく、主体的な生き方があなたの中に育ってくる**からです。

また、矛盾するようですが、「主人公」として生きる時、ぜひ仏教が重んじる「中道《ちゅうどう》」という考え方も心に留めておいてください。

中道とは、右左どちらにも偏らない道を進むこと、両極端を避けたバランスの取れた道を選ぶこと。白か黒かはっきりと決着をつけるのではなく、あえて曖昧《あいまい》なグレーを選ぶこのあり方は、誰も傷つけず、円満に物事を進めようとする日本人が編み出した知恵のひとつです。この中道を意識しつつ、上手に自分の意思を貫けるようになる。これが、ひとつの理想と言えるのではないでしょうか。

悩まない生活10

五分間だけ集中する

「一息《いっそく》に生きる」という禅語があります。息を吸って吐く、そのひと呼吸の間に全存在をかけて目の前の物事に取り組むことです。

人間は、「今」吸って吐くことしかできません。前の呼吸も次の呼吸も、同時にはできない。だから今、この瞬間の呼吸にすべてをかける。これが禅の生き方です。

しかし、人間の頭の中には、同時にいろいろなことが浮かびます。

「あの人に連絡しなければならなかった」「あの案件のフォローをしておこう」「庭の手入れもやらなければ」と、やるべきことが次々に頭に浮かぶこともあれば、思いが過去や未来に飛んで、なかなか「今」に帰って来られないこともあります。

また、仕事の場面では、こまかい用事が不規則に舞い込んで集中を妨げることもあります。電話が何本も入ったり、急ぎのメールに時間を取られたり、急な打ち合わせに呼び出されたり……。夕方近くになり「今日は一日何をしていたんだろう」と、途方に暮れる。集中しなければと焦れば焦るほど、目の前のことがいつまで経っても片づかない。

そんな悪循環を断ち切るには、やはり呼吸です。姿勢を整え、丹田を意識しながら、深呼吸をくり返してください。心が落ち着いてきたと思ったら、丹田呼吸をしながら作業を始めます。すると、必ず集中できるようになるはずです。

まず、たった五分間でいいのです。同じ五分でも、集中して真剣に取り組む五分と、「ああ、なんでこんなことになったんだ！」とイライラしながらやる五分では、大きな差が生まれます。それがたとえ**短い時間であっても、やるべきことに真剣に向かえば、大きな充実感を得られる**はずです。

もし仕事中に用事が入るのであれば、「人と働いている以上、自分の仕事だけに集中できないのは仕方ないこと」と割り切ること。メールの返信は一日二、三回だけまとめてするなど、集中できるシステムを自分なりに作り、呼吸と姿勢を整える。

そうやって短時間でも集中できる術を身につければ、悩みや焦りが入り込む隙《すき》はありません。集中して、やるべきことに無心に取り組めるでしょう。

悩まない生活11

机の上を整える

あなたが普段使っている机の上を見てください。

きれいに片づいているでしょうか。それとも、雑然としているでしょうか。机の状態は、あなたの心を表します。無駄なものが一切なく、資料はきちんと整理され、文房具はあるべきところに整然としまわれている。そんな机の持ち主は、心の中も整理されスッキリとしているはずです。おそらく、仕事も速く決断力もあるでしょう。

一方、机の上は古い資料やファイルでいっぱいで、物をどけなければ事務作業ができないという人もたまにいます。探し物が見つからずに大騒ぎしたり、ファイルの「雪崩《なだれ》」が起きて隣の席の人に迷惑をかけたり……。

そんな人は、心の中も片づいていないので、雑念が多く物事に集中ができません。

机の前に座っても、何から始めていいのか決められず、書類をめくって浮かない顔。

仕事ぶりもどこか危なっかしく、頼りない印象を与えるものです。

「ああ、○○さんのようだ」と顔が思い浮かぶ人もいるかもしれませんね。あるいは、「自分のことだ」とドキッとしたかもしれません。

「いや、散らかっているほうが快適なんだ」と言う人が時折います。

しかし、それは自分でそう思い込んでいるだけのこと。雑然とした状態に慣れ、感性が鈍っているのです。そんな人が、クリアな判断をできるはずがありません。

雲水は、毎日三回以上、寺の掃除をします。たとえ汚れていなくても、同じ場所を何度も掃除し、一点の汚れもないようピカピカに磨き上げます。

なぜ、汚れていない場所でも掃除するのでしょうか。雲水にとって、掃除も大切な修行のひとつ。彼らは掃除をしながら、心を磨いているのです。

心を整えるように、机の上を整えましょう。精神を磨き上げるように、机をピカピカに拭き上げましょう。徹底的に掃除をすると、得も言われぬ満足感が訪れます。

こざっぱり片づいた机に向かうと、もう何から手をつけようかと迷い、悩むこともありません。それは、**掃除することで心も整理されている**からです。

悩まない坐禅 1

坐禅で「動じない自分」を手に入れる

禅僧は、坐禅によって静かな心を保ちます。絶えず平常心を保つために、静かに坐って己と向き合うのです。雲水修行では、一日かけて坐禅を組むことも珍しくありません。

本格的な坐禅は、一本の線香が燃え尽きる間（約四〇分）を一炷《いっちゅう》と数え、ひとつの単位とします。坐禅を一炷組んだ後に、ゆっくり僧堂（坐禅堂）や廊下を歩く経《きん》行《ひん》を行い、その後ふたたび坐禅を行う。集中してこれを行う時には、一日に何回もくり返します。

そのような修行を続けていると、初めは足のしびれに悲鳴を上げていた雲水たちの顔が、ひと月後にはピシッと引き締まってきます。三カ月も経つ頃には、まるで別人です。心の変化が表情や立ち居振る舞いに表れるのです。

私は毎週日曜日にお寺で坐禅指導をしていますが、坐禅会の参加者の方たちも同じです。半年、一年と経つうちに、スッキリした顔に変化していかれます。

しかし、ただやみくもに坐っているだけでは、そのような変化は訪れません。できれば、慣れるまでは正しい姿勢や呼吸、作法などをきちんと指導してもらうことが大切です。また、継続して坐禅に取り組む必要もあります。

ただし慣れてくれば、たった五分でも、呼吸を整え、心を穏やかにできるようになります。そうなれば、どんな場所、どんな時間であっても、自分のコンディションを自分自身で整えることができるようになるでしょう。

悩みやストレスは、心が動じた時に生じます。ふと心が迷路に入りそうな時、坐禅は強い味方になるはずです。坐禅を終えて帰られる参加者の方々の表情は、いつも晴れ晴れとしています。**坐禅を組むと、心の静けさという、何ものにも代えがたい財産が得られる**ということを、みなさんが教えてくださっています。

「初発心時《しょほっしんじ》　便成正覚《べんじょうしょうがく》」という言葉があります。「やってみたいな」と思い立った時、すでにことは成っているという意味です。あなたの「発心《ほっしん》」、やりたいなと思った気持ちをぜひ大切にしてください。

悩まない坐禅 2

体と心が整う坐禅

二千年以上続いてきた坐禅の効用が、ここ五〇年ほどで医学的に解明され始めました。坐禅中は、精神を安定させるα波が出ること。また脳を活性化させ幸福感をもたらす脳内物質セロトニンの分泌が促進されることが実験でわかってきたのです。

良い影響は、精神面だけではありません。坐禅によって血管が広がり、血流が二割以上アップするという実験結果も出ています。実際に、坐禅会の参加者にも、冷え性が治ったという方が、今まで何人もいらっしゃいました。また、「長年悩んでいた猫背が治った」「脊椎側弯症《せきついそくわんしょう》が改善した」「風邪を引かなくなった」「顔色が良くなった」などのさまざまな声を聞きます。他にも、折々に「物事に動じなくなった」「性格が穏やかになった」「集中力がついた」などと報告してくださいます。

参加者の方がもっとも実感しているのが、心が安定してくることのようです。

日常生活では、思い通りにいかないこともままあるものです。トラブルが起きたり、人間関係がこじれてしまったり、努力がなかなか実らなかったり……。身心が安定していなければ、そのたびに葛藤し、悩まなければなりません。そして、考えても仕方のないことにいつまでも執着し、自分自身を苦しめてしまいます。

しかし、坐禅によって心と体を整えていれば、そんな時に「まあ、いいか」「こんなこともあるさ」と思える余裕が出てくるのです。そうすると、さまざまな悩みが吹っ切れていきます。「人間ですから、悩みが生まれるのは当たり前。どんなこともまずは受け入れ、そこから選択すればいい」と腹をくくれます。

禅の高僧は、どの方も柔和な顔をされています。修行を極めれば、穏やかに澄み渡った境地へとたどり着けるのです。ただし、頭の中で理想を追い求めているだけでは、そこにはたどり着けません。また知識だけを詰め込んでも、変化は訪れないでしょう。まずは、じっくり坐り、穏やかさを体感すること。それが第一歩です。

次ページから、日常で活用できる坐禅のコツをいくつかご紹介します。

まず、一九〇ページを参考にして坐禅の基本を学んだ上で、その応用編として毎日の生活に取り入れてみてください。

悩まない坐禅 3

歩きながら「坐禅」する

「動中《どうちゅう》の静《じょう》」。これは江戸時代の禅僧白隠《はくいん》禅師の言葉で、正式には「動中の静は、静中の静に優ること百万倍」。慌ただしい中でも静寂を保っている状態のことです。

静かな自然の中や山中の庵で、静寂を保てるのは当たり前。雑踏などのうるさい環境の中でも静けさを保てることが尊いと、禅では教えているのです。

坐禅が日常に根づいてくると、この「動中の静」の感覚がわかるようになります。慣れてきたら、この感覚を味わうために、坐禅の状態を意識しながら歩いてみるのもお勧めです。いつも通りカバンを持っていても構いません。

まず、背筋を伸ばし、あごを引いて立ちましょう。この時、肩の力を抜いてリラックスし、丹田を意識します。次に、その場で息を吐き切って、歩き出します。視線は一メートル八〇センチほど先。ただ歩行スピードが若干遅めになりますので、

人にぶつからないよう注意しながら、ゆっくり歩みを進めましょう。
ポイントは、呼吸と姿勢です。自分のリズムで、規則正しく丹田呼吸を続けます。
腰骨を立て、背筋が曲がらないようにして、一歩一歩を意識しながら歩いてください。集中が途切れないよう「家から最寄りのバス停まで」「五分間だけ」という具合に、時間や距離をあらかじめ決めてやるのがお勧めです。
もしあなたが、普段歩いている時に心配事や悩みに気をとられているのなら、ぜひ、試してみてください。普段歩いている道が「道場」に変わります。

悩まない坐禅 4

屋上やトイレでリフレッシュ坐禅

本来、前後左右すべての方向にバランス良く体を動かしているのが、人間の自然な姿です。しかし、現代生活では前かがみで作業することが増えています。この前かがみの姿勢が、私たちの体にも心にも影響を及ぼしているように思います。

長時間机に向かっているのに、注意力が散漫になってイライラして、仕事が全然進まなかった。あるいは、デスクワークを続けていたら体がガチガチに固まって、思わぬ疲れを感じたという経験が、あなたにもあるのではないでしょうか。

そんな時、気持ちを切り換えるために最適なのが「椅子《いす》坐禅」です。

文字通り、椅子に座って行う坐禅ですから、いつでもどこでも、思いついた時にできます。詳しいやり方は一九三ページでご紹介し、ここでは、どんなシチュエーションで行うかについてお話ししましょう。

一番のお勧めは、仕事の休憩時間です。集中できるようなら、自分の席でいいでしょう。もし、人目が気になるようなら、トイレが坐禅場所として最適です。「そんなところで集中できるのか」と思うかもしれませんが、トイレは、周囲を気にせず坐れる恰好《かっこう》の場所なのです。また、もし近くに落ち着ける公園があれば、足を運んでベンチで椅子坐禅をするのも気持ちいいものです。

働いていれば、理不尽な上司にムッとすることもあれば、仕事がはかどらず落ち込むこともあるでしょう。

しかし、たった五分でいいので姿勢を正し、呼吸に集中してみるのです。すると、苛立《いらだ》っていた心が鎮まります。そして、新しい気持ちで仕事に戻れます。

大事な会議や商談、プレゼンの前にも、椅子坐禅はぴったりです。緊張がほぐれて、実力を十分発揮できるはずです。

もし、職場に屋上があるなら、屋上での坐禅もお勧めします。腰掛ける場所がなければ、簡単な敷物を用意してもいいですし、次ページで紹介する「立禅《りつぜん》」でも良いです。集中力が落ちる午後、あるいは、日没時に夕日を見ながら屋上で坐禅を組むと、気分が一新します。

悩まない坐禅 5

駅のホームや電車の中でできる立禅

電車の中で、あなたはいつも何をしていますか？　本を読む、音楽を聴く、スマホを操作する、車窓からの景色や中吊りを見る、寝る。あるいは、考え事に夢中になって、心は過去や未来に飛んでいる……。それぞれの過ごし方があると思います。

立っている場合、ぜひ、車内での「坐禅」をひとつの習慣にしてみてください。

まず、足を軽く肩幅に広げます。次に背筋を伸ばしてあごを引き、肩の力を抜きます。かかとに体重を乗せず、重心は足の中央の土踏まずあたりに置きましょう。目線は約四五度下に落とし、半眼《はんがん》（一九二ページ）に開き、丹田呼吸をゆっくりとくり返します。立禅の場合も、姿勢を正しく保つこと、呼吸に意識を向けることの二点を心がけてください。

慣れるまでは、駅のホームで電車を待つ時に立禅の練習をするといいでしょう。

揺れる車内で立禅をする時は、つり革や手すりにつかまりましょう。その際にはギュッと握りしめず、体を軽く支える程度に。どこか一カ所に力が入ってしまうと集中の妨げになりますので、体全体の力を抜いて、リラックスして行いましょう。

初めのうちは、駅に着いて人が移動したり電車が揺れたりすると、集中が途切れるかもしれません。また、混んだ車内ではなかなか集中できないこともあるでしょう。しかし、次第にまわりが多少ザワついても、無心でいられるようになります。その時には、立っていても疲れを感じにくくなっているはずです。

悩まない坐禅 6

自律神経が整う、寝ながらできる坐禅

日中気になっていたことが頭から離れず、布団に入って悶々としたまま何時間も過ごしてしまった。そんな経験は誰にでもあるでしょう。

夜に考えごとをしても、良い案が浮かぶことはありません。つい考えが暗いほうへ、悪いほうへと引きずられてしまうので、パッと忘れてしまうのが上策です。

しかし、忘れようとすればするほど、しつこくつきまとうのが悩みというもの。なかなか寝つけないのは身心が緊張し、交感神経が活発になっているのでしょう。

そんな時は、寝ながらできる坐禅をしてみてください。ちょっとした物音や灯りが気になって眠れない不眠症にも効果があるので、寝つきが悪い人にもお勧めです。

先ほどお話しした白隠禅師が考案した、寝ながらできる「仰臥禅《ぎょうがぜん》」があります。

まず、布団やマットの上に仰向けに寝て、足を少し広げます。

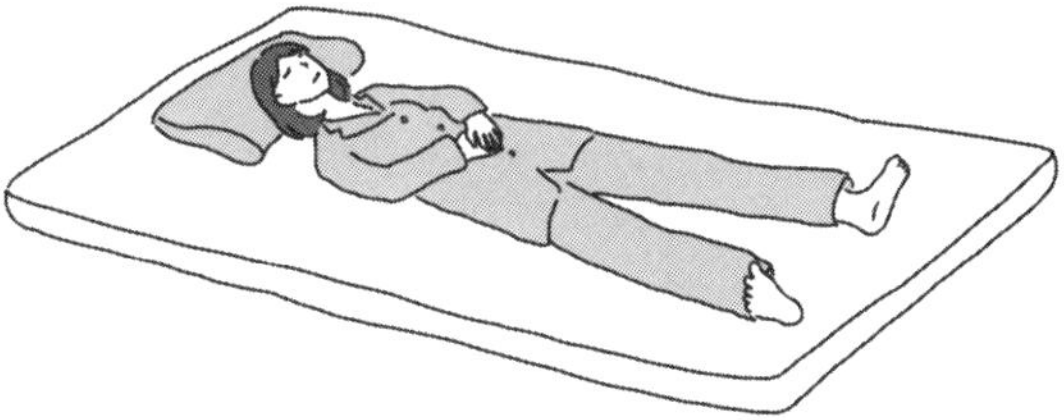

体の力を抜いて、両手をヘソの下あたりにあて、下腹をへこませながら息を吐き出します。次に、下腹を膨らませて息を吸い込み、ゆっくりと丹田呼吸を続けます。呼吸に意識を向けながら、しばらくゆったりと息をしていきましょう。

数を数えたほうが寝つけそうな場合は、「ひとーつ、ふたーつ」という具合に、一から一〇までくり返し数えてもいいでしょう。

呼吸に意識を集中させているうちに、副交感神経が活発に働き出します。すると、緊張した体が次第にリラックスしてきます。体がゆるむと心もほぐれ、心地よい眠りが訪れるでしょう。

悩まない坐禅 7

一息禅で、気分をサッと切り換える

「一息禅」とは、深い呼吸を数回くり返すことで、気持ちをサッと切り換えられる便利な坐禅です。

気分がモヤモヤしている時や、ついカッとなってしまった時、坐禅を組もうと思っても、なかなか時間が作れない時があります。

「冷静にならなければ」「いつまでもこんなことを考えていてはいけない」と思えば思うほど、気持ちが空回りして、よけいにネガティブな方向へと考えが進んでしまうものです。

そんな時には、この一息禅を行いましょう。ほんの一、二分、深い丹田呼吸をくり返すだけで心を落ち着けられます。

一息禅を行う時は、立っていても座っていても良いです。目は半眼の状態で、背筋を伸ばし、体の力を抜きます。そして、息を深く吐き出します。

頭の中いっぱいに広がった怒りや不安、悩みなど、不要な思考をすべて外に出すつもりで、思いきり吐き出しましょう。

すると、自然に空気が鼻から入ってきますので、フレッシュな空気をおなかの底まで落とし込むつもりで、息を吸っていきます。これをゆっくり数回くり返しましょう。すると、心が静まり、平静な気持ちに戻れます。

ただし、浅い胸式呼吸をいくらくり返しても、この効果は得られません。ほんの数回であっても、呼吸に集中して丹田呼吸をするからこそ、短時間で心を落ち着かせることができるのです。深い呼吸をくり返すと全身に酸素が行き渡り、血流が良くなります。当然、脳の血流も良くなるので、頭の回転も速くなります。

一息禅は、プレゼンや大事な打ち合わせ前、試験の前にもお勧めです。

緊張している時は必ず呼吸が浅くなっているので、ぜひ一息禅で呼吸を整えてください。心が落ち着き、自分の持っている能力を最大限に発揮できるでしょう。

どちらの道を選ぶか迷って混乱している。そんな場面でも、平常心を取り戻せるこの一息禅が大きなサポートになるのは言うまでもありません。

第3章

ケーススタディ
悩みを消し去る
禅の作法

人間関係での悩み

Q1 人づき合いが苦手だが、このままではいけないと悩んでいる

人と話すのがとにかく億劫《おっくう》で、ちょっとした世間話がうまくできない。人見知りが激しくて、友だちがなかなかできない……。

そんな自分を変えたいという悩みを、よく耳にします。

私たちは、人とのつながりの中で生きています。ですから、そつなく人づき合いをこなせたらという願いは、多かれ少なかれ誰もが持っているでしょう。

みんなが楽しそうにワイワイ話していたら、自分もその中に入って一緒に盛り上がりたい。たくさんの仲間とつながりたい。自分の存在を認めて欲しい。

人間は群れていると安心する習性があるので、そう思う人も多いかもしれません。

しかし、無理をしてまで人とつき合う必要はない。私は、そう思います。

多くの人と幅広く交流している社交家がいたとします。その人が窮地《きゅうち》に陥った時、

夜中に電話してすぐ飛んできてくれる人は、何人いるでしょうか？　たぶん、いないはずです。大人数の人とつき合えば、それだけ人間関係が希薄になるからです。

うわべだけのつき合いがいくら増えても、むなしいだけ。無為な時間が増えるだけです。ひとりの時こそ、自分自身と向き合えます。その時間が、**普段は置き去りにしている「本当の自分」に気づかせてくれる**のです。

日本の曹洞宗の開祖である道元禅師は、「一箇《いっこ》半箇《はんこ》」という言葉を残しています。お釈迦様の教えを、大勢の人に伝えようとしなくても、たったひとりでも半人でも……つまりごく少人数であっても、正しく伝えられれば良いという意味です。

多数の人と広く浅くつき合うよりも、相手のことを理解し、損得勘定抜きで喜びも苦しみも分かち合える友が、たとえひとりでもいれば十分です。もし、心を許せる友人がふたりいるなら、こんなに幸せなことはありません。

そんな友がそばにいてくれるだけで、人生は豊かになり、心の平安が得られます。

◇心を許せる友人がひとりいれば、十分幸せな人生を送れる。

Q2 人を妬むばかりで、自分がどうしたいかわからない

年俸数億のスポーツ選手や大資産家は別世界の人だと割り切れても、自分よりワンランク上の人には、嫉妬や羨望《せんぼう》を感じる。人間とはそういうものかもしれません。少し背伸びをすれば手が届きそうなのに、自分にないものを持っている人に対して、「あの人はいいなあ。それにひきかえ、私は……」とため息をつく。

そうだからといって、自分が何かに対してがんばるかといえば、そんな気にもなれない。どうしていいかわからず、ただなんとなく妬《ねた》ましい気持ちで眺めているだけ。それは、第1章でお話しした「妄想《もうぞう》」に取りつかれている状態です。

禅では、他者との比較から解き放たれることの大切さを徹底して伝えています。

「あいつの年収が俺より上なんておかしい」「なぜあの人ばかり、みんなからちやほやされるのだろう」。そんな思いにとらわれている時は、自分が「水中の月」を

すくおうとしていることに気づいてください。

静かな水面に映った月は、まるで本物のようにリアルに見えます。しかし、その月をすくおうとどんなにがんばっても、もちろんすくえません。ただむなしいだけです。これを、「水中撈月《すいちゅうろうげつ》」と言います。

無駄なことをして、大切な自分自身の人生をないがしろにしてはいけません。人と自分を比べても、意味はありません。「うらやましい」「妬ましい」と考える時も、あなたは、あなた自身として絶対的な存在なのです。

考えてみてください。あなたと同じ人は、誰ひとりいないではありませんか。そのことを肝に銘じていれば、他人をうらやんで、自分が月をすくおうとしていることの愚《おろ》かさに気づけるはずです。

私は、唯一無二の存在である。その視点に立った時、自分が何をしたいのか、何ができるのか。自ずと見えてくるはずです。

◆自分が「唯一無二」の存在であると気づく。

Q3 子どもが反抗的で、自分の子育てが間違っていたのかと不安に

先日、息子の人生を心配する親御さんから、お手紙を頂きました。

息子さんは三〇代前半。ひとつの職場に落ち着くことができず、転職をくり返す二〇代だったそうです。次第に、条件の悪い職にしか就くことができなくなり、そのうち仕事を休みがちになったといいます。そして今は、引きこもり状態とのこと。

「なぜ、がんばって働かないのか」と息子さんに尋ねると、「どの職場でも、自分の能力は認めてもらえない。自分には何の才能も力もない」と嘆き、挙げ句の果てに「こんな自分になったのは、あんたたちのせいだ！」と親を責めるというのです。

「自分たちの育て方が悪かったのかと、後悔する日々です」と書いているその方に、私はこのような御返事を返しました。

「息子さんのことは、放っておくといいでしょう。とっくの昔に成人した人間が、

会社でうまくいかないと親に文句を言うのは筋違い。自分が努力していないことを棚に上げて、親に責任を転嫁《てんか》しているだけです。自分の人生は、自分で切りひらいていかねばなりません。息子さんご自身の人生なのですから、親は手を出さず、見守っていけばいいのです」

この息子さんは三〇代ですから、親の出番は終わっています。うるさく口出ししたり手を貸したりせず、適切な距離を取って対応するのが良いのです。

しかし、これだけは忘れないで欲しいと思います。

どんなに「子育てに失敗した」と感じても、やったことが一〇〇パーセント間違っていたわけではありません。必ず、成功した部分、評価できる部分はあります。ですから、自分の子育てはすべて間違っていたと後悔する必要はないのです。

子どもの人生を台無しにしようと思って育てる親は、ひとりもいないはずです。その中で、もしかしたら対応が間違っていた部分はあるかもしれません。

特に今は、ひとりの子どもに手をかける時間が増えています。ですから、親が手取り足取り子どもを手伝ってしまい、自立心や判断力が育たない傾向があります。

思春期の子どもは、親に反発して当たり前。子どもが反抗するのは、独立心の表れ。そんなふうに大きく構え、少し手を引いて、芽生えた独立心を養えばいい。もし、間違っていたと感じる部分があるなら、そこだけを修正し、あとは自信を持って子どもを育てていけばいいのです。親がそのような態度に変わると子どもとの確《かく》執《しっ》が減り、やがて穏やかな関係が生まれるでしょう。

また、**子どもの人生は子どものものと割り切る**ことも大切です。そうすれば、自分の価値観を押しつけて、子ども自身の興味や才能を潰してしまうこともありません。そして、子どもに輝いた人生を送って欲しいなら、まず、あなた自身が輝くことです。子どもは、親の背中を見て育ちます。子どもが憧れるくらい素晴らしい人生を、あなた自身が生きてください。

「結果自然成（けっかじねんになる）」という言葉があります。やるべきことをやれば、結果はついてきます。子どもが自然な姿で成長できるように、親は必要な時にだけ、愛情を持ってそっと後押しをしてあげればいいのです。

◆まずは、自分自身が輝いた人生を送る。

人間関係での悩み

Q4 幼い頃から親が嫌いで今も許せずにいるが、このままでいいのか……

「自分より、きょうだいのほうが可愛がられた」「親は男の子を欲しがっていたのに、私は女の子だったからがっかりされた」「子どもの頃、親の言う通りにしなければ厳しく叱《しか》られた」……。そんなわだかまりがあり、大人になってからも親との間に確執を抱えている人は、意外と多いように思います。

子どもは誰でも、親に愛されたい、認められたいと思うものです。その思いが叶わなかった場合、成人した後も満たされない気持ちを抱えていたり、親と疎遠になったりするのはわからなくもありません。

しかし、そうだからといって、親子関係にしこりを残したままにしておくのは賢明ではありません。時間には限りがあります。たとえば、離れて暮らしている親と過ごせる時間が、あとどのくらいあるか計算したことがあるでしょうか。

年一回帰省するとして、長く見積もって数十日。その中で心を許し合い、話し合える時間は、もっと少ないでしょう。まして、滅多に帰省せず連絡も取っていないのなら、このままでは親としみじみ話し合うこと自体、難しい可能性もあります。親が旅立った後に「あの時、仲直りしておけば良かった」といくら後悔しても、時間を巻き戻すことはできません。そう考えると、今という時間の大切さがわかるはずです。

それでも親が許せないと思うのなら、小さい頃のことを思い出してみましょう。もしかすると、いやな思い出も多いかもしれません。それでも、あなたが常に守られ、愛されていたのは事実です。赤ちゃんの頃は、おむつを替えてミルクを飲ませてもらい、おんぶや抱っこであやしてもらいました。大人になるまで学校に通わせてもらい、食べさせてもらいました。すべて、見返りを求めない無償の行為です。親が与えてくれたのは、あなた自身の望む愛情の形ではなかったかもしれません。「もっと、優しくして欲しかった」「もっと、自由にさせて欲しかった」という思いもあるでしょう。それでも、育ててくれた親の愛情があったからこそ、何も持たず、何もできない状態でこの世に生まれたあなたは大人になれたのです。

あなたが「このままの関係でいいか悩んでいる」ということは、親との関係を改善したいという意思は持っているはずです。あとは、自分自身が思い切って一歩踏み出すだけ。難しいことはありません。

その一歩は、何でもいいのです。母の日や父の日、親の誕生日などに何か贈ってみる。「元気？」と電話してみる。親の好きそうなお芝居や音楽会のチケットをプレゼントする。どんなささやかなことであったとしても、親御さんは喜ぶはずです。愛情をかけて育てた大切な子どもが、自分のためにやってくれたことだからです。

もし、どうしても親を許すのが難しいというのなら、「自分のために、親を許そう」と決めましょう。今すぐでなくてもいい。**「許そう」「好きになろう」と思うだけで、親の存在が近く思え、感謝が湧いてくる**はずです。「ありがとう」の気持ちさえあれば、少しずつあなたと親の関係は変わっていくでしょう。

まずは、感謝の気持ちを伝えてみる。そこから始めてはどうでしょうか。

◆育ててくれたことに感謝し、「ありがとう」と伝える。

人間関係での悩み

Q5 友人と大げんかして不仲のまま。自分からは謝りたくないのだが……

けんかは、互いの主張のぶつかり合いです。先に謝ると負けた気がするので意地を張ったり、プライドが邪魔して素直に詫びることができない場合も多いでしょう。ましてや、自分は悪くないと思っている場合は、「なぜ、こっちから謝らなきゃいけないわけ？」と、意固地《いこじ》になってしまう気持ちもわからなくはありません。

しかし、お互いに「自分が正しい」と思っている限り、仲直りはできません。

「一水四見《いっすいしけん》」という言葉をご存じでしょうか？

ひとつの物も見方を変えれば、幾通りにも見えるという意味です。

たとえば、水は人間にとっては飲み物であり、生活に欠かせないものです。しかし、魚にとっては住む場所です。また、餓鬼《がき》には水が血膿《ちうみ》に見え、天人には水晶に見えると言います。つまり、立場が変われば、同じ物でもまったく違ったとらえ方ができ、異なる意味合いを持つのです。

あなたにとって、自分の主張は「正論」かもしれません。しかし、相手にとっては理不尽な主張に思える場合もあって当然です。また、ちょっとした行き違いから、理屈は抜きにして感情的になっている場合もあるかもしれません。

いずれにせよ、けんかを長引かせると引くに引けない状態になり、大切な人間関係をひとつ失うことになってしまいかねません。

ここは、あなたからスマートに終わらせてしまいましょう。

謝って失うものは何もありません。それどころか、いつまでも「謝るべきか、謝らざるべきか」と悩んでいるのは、貴重な時間とエネルギーの損失です。

心を整えるために少し時間を取って、坐禅を組んでみましょう。深い呼吸をくり返していると、自分がささいなことにとらわれていたのがわかってくるはずです。

それでも、自分の非を認めたようで抵抗があるなら、これは「菩薩行《ぼさつぎょう》」だと思ってみましょう。菩薩は、自分自身はすでに悟って彼岸に渡れるのに、地上に留まり、人間を助けてくださっている仏様です。

自分は一歩引いて相手に慈悲を向ける。そんな行動を菩薩行と言います。

振り上げたこぶしを降ろすのは簡単です。

「この間は、ちょっと言いすぎた。悪かったね」と、言えばいいだけです。すると、相手も「こちらこそ」と返してくるでしょう。もし、相手が謝らないのであれば、そこまでの関係だったということ。たとえ相手との関係が切れたとしても、あなたの中にはすがすがしさが残るはずです。

念のためにつけ加えるならば、謝る時はメールや電話ではなく、直接会いましょう。手紙という方法もありますが、もっともいいのは面と向かって謝ることです。もしあなたが逆の立場だったら、メールでお詫びの言葉が送られてきたらどう思うでしょう。「ふーん、メールで済ませるのか」と感じるのではないでしょうか。

謝る時の極意は、「思い立ったらすぐ、率直に、直接」詫びることです。

謝り方によっては、あなたと相手との信頼関係がさらに深まることもあります。ぐずぐず迷っている間に、さっさと謝ってしまったほうが勝ちだと思いませんか？

◇人間関係が切れる前に、自分から率直に謝る。

人間関係での悩み

Q6 人に遠慮してばかりで、うまく自己主張できない

欧米では自分をいかに主張するかが、出世のポイントになりますが、日本では、そんな存在は和を乱す迷惑な人というレッテルを貼られます。「出る杭《くい》は打たれる」という諺《ことわざ》もあるように、集団の中で過度に自己主張する人は歓迎されません。ですから、自己主張が苦手という日本人が多いのです。あなただけではないので気を楽に持ちましょう。

あなたが自分を主張できないのは、「人に拒否されたらどうしよう」とか「バカにされるのが怖い」という思いがあるからではないでしょうか。

しかし、自分の意見や気持ちは伝えなければ、心の中に欲求不満が溜まりっぱなしですね。また、自己主張をまったくしなければ、「あの人は自分の意見を持たない人」と、周囲から軽んじられることにもなりかねません。

私が普段見ていると、自分の意見をなかなか言えない人は、「自分を守りたい」「見くびられたくない」という気持ちが強いように思えます。

下手なことを言うと、間違いを指摘されたり、苦手とするところを見抜かれたりしてしまう。だったら何も主張せず、おとなしくしておいたほうがいい。そんなふうに思っているように見えるのです。言い換えれば、自分が持っている力を、二、三割増しで見て欲しい。そんな気持ちが強いということです。

自分の力をそのまま見てもらえればいいと思っているのなら、たとえ痛いところを突かれても、おそれることはありません。それが事実であれば「はは、そうなんですよ」「よく見てますね」と笑ってすませられます。

しかし、少しでも良く見せたいという気持ちがあると、ちょっと難点を突かれただけで、「しまった！　言わなければよかった」と動揺してしまいます。

つまり、自分を高く評価して欲しいという気持ちが、苦しみを生んでいるのです。

もちろん、その気持ちは、決して悪いものではありません。それが向上心につながれば、大きく成長できます。また、誰しも能力や人間性に問題があるととられるより、人から良く見られたほうが当然いいでしょう。

しかし、評価されたい気持ちが、自分を窮屈《きゅうくつ》にしているのなら話は別です。無意識のうちに自分自身を縛って不自由にしている状態を、「無縄自縛《むじょうじばく》」と言います。縄などどこにもないのに、自分で自分を縛りつけ身動きできなくしている状態です。

自分がかけている「縄」に気づいたら、さっさと外してしまいましょう。自分のありのままを表現して、そのまま評価される。それで、いいではありませんか。

人の評価によって、あなた自身が変わるわけではありません。人の目を気にしてストレスを感じているより、「私はこんな人間です」と開き直ったほうが、どれほど楽なことでしょう。あなたが**自分を認めていれば、まわりもそのままのあなたを認め始めます**。

たとえ、口べたな性格が急に変えられなかったとしても、それで良いのです。心を込めて、相手の話を聞きましょう。話し上手は聞き上手と言いますね。集団で一番信頼されている人は、実は一番聞き上手な人でもあるのです。

◇人の評価を気にせず、「自分は自分」と開き直る。

お金の悩み

Q1 一生懸命働いても給料は減るばかりで、将来が不安だ

経済的な見通しが不透明な現代、リストラや減給に苦しんでいる方も多いでしょう。また、いつまでも契約社員のままで、正社員になれない若者も増えています。「せっかくがんばって家を買ったのに、ローンが払えるかどうか不安だ」「いつ首を切られるかわからない契約社員のままでは、結婚もできない」。そんな声も徐々に多くなりました。汗水たらして、真面目に働いている者が報われる。そんな時代が終わって久しいのかもしれません。

それでも、私はこう思います。今日一日、今この瞬間、目の前のことに全力を注いでいれば必ず収入はついてきます。なすべきことを、心を込めて無心にやっていけば、陽が当たる時が必ず訪れます。

「今も懸命に働いているのに、今日一日がんばればいいなんて無責任だ」と思うか

もしれません。しかし今に集中していれば、未来を心配する余裕などないはずです。まだやってきてもいない未来を心配して、何かいいことがあるでしょうか？未来を案じることにエネルギーを使っていると、「今なすべきこと」に集中できなくなります。すると、足元がおろそかになり、いい「因」を作ることができません。当然、いい縁が結ばれることはないでしょう。

「且緩々《しゃかんかん》」という言葉は、「あせるな、あわてるな」という戒めの意味を持つ禅語です。

急がば回れ。妄想を止めて、目を閉じ、大きく深呼吸をくり返してみましょう。きっと、「今できること」が見えてくるはずです。

たとえば、会社の業績が悪いのだとしたら、あなたが自分の持ち場でがんばり続ければ、売上がアップし経営状態が上向くかもしれません。あるいは、この人は必要な人材だと評価され、リストラされないかもしれません。

また、契約社員であったとしても、正社員同様かそれ以上の働きを続けていれば、いつか社員として迎えられる日がこないとも限りません。たとえ、その職場での待遇が変わらなかったとしても、身につけたスキルは無駄にはならないはずです。

人間は、一歩ずつしか進めません。どんなにがんばっても、三歩も四歩も一気に進むことはできないのですから、とにかく、今できることを精いっぱいやることです。そうすれば、一日、二日、半年、一年と時間が経つうちに、確実に前へ行けます。そして、そこに縁が結ばれます。

あなたも十分わかっていると思いますが、人生はいい時ばかりではありません。深い谷底に落ちてしまったように感じる時期もあるでしょう。

しかし、谷がなければ、山の美しさは際立ちません。そして、谷が深ければ深いほど、そこから頂上に登った時の喜びは大きいものです。ずっと頂上にだけいるのであれば、苦労の末に得る感動を、味わうことはできないでしょう。

深い谷を経験した人だけが、頂上のありがたさを実感できます。そして、谷を経験したからこそ、お金のありがたさや働くことの尊さがわかります。

今あなたが経験している谷が、実は宝である。そう気づける日がきっときます。

◆未来を心配せず、一歩ずつ前進する。

お金の悩み

Q2 浪費グセが抜けず、なかなか貯金ができない

貯金ができるのは、自分のお金をきちんと管理できている証しです。それなりの収入があるのに貯金ができないのは、「何かを買いたい」「お金を使いたい」という欲望に引きずられ、流されているということ。まず、そこに気づきましょう。

あなたの買い物のパターンを振り返ってみてください。

普段、私たちが買う物は三つに分けられます。ひとつ目は、本当に必要な物。たとえば、食料品や日用品。または、仕事や日々の生活にどうしても要る品物です。

次に、「あったらいいな」「持っていると便利だな」という物。たとえば、新しい服やバッグ、趣味で使うグッズなど、あったら嬉しいけれどなくても困らない物。

三つ目が、「いつか手に入れたいな」と思っている物。ブランドの時計やアクセサリー、高級家具、高価なスーツなど、いつかは欲しいと思っている憧れの品です。

浪費してしまう人は、ふたつ目や三つ目の物を買うクセがついてしまっています。また、高価な店で食事をしたり、一流ホテルに泊まったり、海外旅行に年何度も出かけたりすることが日常になり、金銭感覚がずれてしまっているとも考えられます。「稼いでいるのだから、このくらい当たり前」「がんばっているごほうびだから」そんな理由を浪費の言い訳にしていませんか？　あるいは、お金を使うことで心が豊かになったり、自分のステイタスが高まったりする。そんな思い込みはありませんか？　それは、明らかにお金に振りまわされている状態です。

確かにお金は、人生を豊かにしてくれる大切なものです。しかし、お金に執着したり、振りまわされるようになってはいけません。

本来私たちは、「本当に必要な物」だけを買えば生活できるのです。

ふたつ目の「あったらいいな」と思う物は、実は「なくてもいい物」です。たとえば、新しいシーズンが来れば、流行の服が欲しいと思うかもしれません。経済的な余裕があれば、数着程度を買うのはいいでしょう。しかし、「セールで安くなっていたから」「店員に薦《すす》められたから」といった理由で、次々と買うのは浪費です。

そして、三つ目の「いつか手に入れたいな」と思っている物は、実は今のあなたには縁がないもの。つまり、買う必要のない物です。

確かに、高級なブランド品や高価なアクセサリーなどを手に入れたら、その時は心が躍り、自分のステイタスも上がったように感じるかもしれません。しかし、実際にはそれだけでは満足できないのです。しばらくすると、また次の「憧れの品」が欲しくなる。物欲とは、そういうものです。そうやっていくと、いくらお金があっても足りません。もちろん、貯金などいつまで経ってもできるはずがありません。

「これが欲しい！」という気持ちが出てきたら、その場で大きく呼吸をしてみましょう。丹田を意識しながら、深くゆっくりした呼吸をくり返すのです。すると、ハッと我に返り、それが本当に必要な物かどうかが判断できるでしょう。

物欲をコントロールするための処方箋は、「足るを知る」ということです。

今あるもので十分。そう考えてみましょう。**幸せになるために、物は必要ないの**です。シンプルな生活の中にこそ、本当の安らぎがあります。

◆「本当に必要な物」だけを買い、シンプルに生きる。

お金の悩み

Q3 カードの返済金がふくらみ、なげやりな気持ちに……

サインひとつで買い物できるクレジットカードや、クリックするだけで自宅まで商品を届けてくれるインターネット通販は、手持ちの現金がなくても欲しい物が手に入る便利なものです。しかし、怖い落とし穴があります。よく言われることですが、お金を使っている実感がないため、つい買い物をし過ぎてしまうことです。

当然のことながら、カードで買い物をしたらその分の支払いがあります。それが、どんな額であっても、社会人としてきちんと返していかなければなりません。

あなたが、「もう、どうにでもなれ」と現実から逃げても、「なんて自分はバカなのだろう」と嘆いても、過去は変えられません。その代わり、今を変えるのです。そうすれば、未来は変わります。

「前後際断《ぜんごさいだん》」という言葉があります。過去も未来も断ち切って、今に集中するという意味です。人は、過去にも未来にも、生きることはできません。ですから、今だけに意識を向けるのです。そうすれば、過去を後悔したり、将来を悲観したりしなくてすみます。

全額返済するための近道はありません。お金を儲けるために割のいい仕事ばかり物色したり、株やギャンブルで儲けて一気に返そうと考えるのはもってのほかです。お金は働いて「稼ぐ」もので、「儲ける」ものではありません。

毎月きちんと返済する。そして、今後はカードを使わず現金で支払い、無駄な物を買わない。このように愚直にやっていくしかありません。

自分の仕事に誠心誠意取り組んでいけば、その結果が収入につながります。ただし、「お金のために働いている」と思うと、精神的にも肉体的にも消耗してしまうでしょう。あなたの仕事は、必ず誰かの役に立っています。それをはげみに仕事に取り組みましょう。そして、日々実直に働き、コツコツと返していくのです。

◆今だけに意識を向け、真面目に働き愚直に返済する。

お金の悩み

Q4 病気になってしまったが、収入を考えると退職できない……

幸せな人生を送るための基本は、健康な体です。これに勝るものはありません。あなたの病気の深刻度にもよりますが、自分の体を一番知っているのは自分自身です。今の仕事を続けるのが無理だと感じるのなら、一度退職して体力にあった仕事を見つけることをおすすめします。

確かに、収入面の心配はあるでしょう。しかし、無理をして病気が悪化したら、元も子もありません。まず、健康を保てる仕事を探すことが、今の最優先事項です。

収入や役職など、現在得ているものを手放すのは難しいかもしれません。

しかし、手にしたものを守ろうとするから、苦しみが生まれるのです。

お釈迦様は、この世は「無常」であるとおっしゃいました。何ひとつ変わらないものはありません。今、あなたの体に変化が訪れたのだから、それに合わせて、あなた自身も変わっていけばいいのです。

人間は何も持たずに生まれ、何も持たずに旅立ちます。たとえ、**手にしたものを一回手放したとしても、またチャンスは訪れます**。その時にもう一度つかめば、それでいいではありませんか。

「しかし、家のローンや教育費が……」と、心配になるかもしれませんが、案ずるより産むが易し。一家の危機となると、家族全員が力を合わせてがんばるものです。

一家の大黒柱が病気になった時、奥さんがパートに出たり、子どもたちがアルバイトをしたりして、困難を乗り越えたご家族を私はいくつも知っています。また、友人もきっと手を貸してくれるでしょう。トラブルが起きた時こそ、人は潜在的な力を発揮し成長します。そして、苦しい時にこそ、他人のあたたかさがわかります。

「梅は寒苦を経て清香を発す」と言います。今の試練は、香り高い花を咲かせるためにある。そうとらえてください。

◆体の変化に合わせて環境を変え、家族で危機を乗り越える。

お金の悩み

Q5 定年間近なのに貯金もなく、老後が心配だ

定年まで勤め上げ、第二の人生は退職金と年金で悠々自適の生活。これが、ひと昔前までの日本人の一般的なライフプランでした。ところが今は、それも難しい世の中になったようです。定年が近いのに金銭的な余裕がないという状況は、大変心細いでしょう。しかし、ここで発想の転換をしてみましょう。

「老後にお金がかかる」とおっしゃる方に話を聞いてみると、ほとんどの方が老人ホームに入ることを前提に考えていらっしゃいます。確かに、そうであれば入居費や毎月の支払いなど、相応の準備が必要でしょう。しかし、必ずしも全員がそうしなければならないという決まりはどこにもありません。

高齢になっても健康でさえあれば、最期まで元気に家庭で過ごすことができます。生涯現役で仕事をしながら、ある日ポックリ旅立つという逝《い》き方もできなくはあり

ません。逆に、老人ホームに入った途端、一気に認知症が進んだり健康状態が悪化したという話もチラホラ耳にします。

もちろん、万一の病気やケガに備えて、ある程度の貯えは必要でしょう。しかし、老後を心配するあまり、むやみに貯め込む必要はないと私は思うのです。それよりも、**今を充実させたほうが、よりよい老後につながっていく**はずです。定年後、一気に老け込んだという話をよく聞きますが、それは心のハリや生きがいを失ってしまったからです。

農業や漁業などの一次産業に従事している方は、現役で仕事を続け、いきいきとした老後を送っていらっしゃる人が多いように見受けられます。自然とともに暮らし、毎日やるべきことがある生活は人を病気から遠ざけ、健康にさせるのでしょう。いきいきとした心と、健やかな体という財産を守りましょう。「今あるもの」に目を向けること。これが、幸せな人生を送る秘訣ではないでしょうか。

◆健康な心と体を維持し、生きがいを持って暮らす。

仕事での悩み

Q1 転職したいが、安定した今の仕事を辞める勇気がない

まず、やるべきことがあります。それは、今の仕事が本当に自分に合っていないのか。それとも、不満のある現実から逃げたいから、他の仕事をしたいと思っているだけではないか。それを、見極めることです。

どんな仕事でも、初めは「この仕事をやってみよう」と自分で選んだはずです。ところが、実際にやってみると当初のイメージと違うこともあれば、長年続けるうちに行き詰まりを感じることもあるものです。その時、「もしかすると、他の仕事なら……」と考える。これは、誰にでもあることです。

しかし、ただの逃避から転職したとしても、当然うまくいくはずはありません。ですから、転職を決める前に自分の気持ちを冷静に分析してみるのです。

もし、今の職場に不満があるだけだったとしたら、転職はお勧めしません。今い

る場所で努力できることはたくさんあります。あなた自身の姿勢が変われば、周囲の対応や評価も変わります。すると、今の環境はガラッと変わるでしょう。「いや、自分が本当にしたいことは、やはり別のことだ」「この仕事は、どうしても自分の適性に合っていない」とわかった人は、悩むことはありません。自分の望む方向に進み始めてください。

本当は技術系の仕事が得意で自分自身もそれが好きなのに、販売の仕事をやっているとしたら、それは明らかなミスマッチです。その場合は、技術職へ転向したほうが、自分も幸せになれるでしょうし、社会にも貢献できるはずです。

安定した仕事を辞めるのは、確かに不安があるでしょう。しかし、今の時点で給料や待遇を比較しても、意味はありません。

当然、仕事を変えれば一時的に給料が下がるかもしれません。しかし、自分の得意なこと、好きなことであれば、人は最大限の力を発揮しようとがんばるものです。その道で一生懸命努力していれば、必ずそれに見合った分だけ待遇は良くなります。

安定した職を捨てるのは惜《お》しいという気持ちがあるのなら、あなたの希望はその程度のものということでしょう。ゼロになってもいいからチャレンジしてみたい。

そういう強い思いがあれば、どんな選択をしても、努力次第で道は開けるのです。

「無常迅速　時不待人（むじょうじんそく　ときひとをまたず）」という禅語が、時間の大切さを教えています。人生は瞬く間に過ぎ去っていく。であるからこそ、一時も無駄にせず、自分自身の人生を生きなければなりません。

もちろん、新しい道には苦労もあるでしょう。しかし、楽してつかめるものなど、ありません。また、**自分が選んだ道であれば、苦労を越える楽しみがある**はずです。

家庭の事情などで一気に転職するのはリスクが高いとしても、貯金をする、資格を取る、週末起業で実績を作る、情報収集する、ネットワークを作るなど、やれることは山ほどあります。実際に、やる気のある人はどんどん行動しています。

本気とやる気さえあれば、今いる場所でできることが見えてくるはずです。そうしたら、今すぐ動くこと。ボンヤリしていると、人生はあっという間に終わります。時間はあなたを待っていてはくれませんよ。

◇自分の気持ちを見極めた上で、今すぐできることを始める。

仕事での悩み

Q2 努力しても成果が出ず、やる気をなくしてしまった

あなたは、自分なりに懸命に努力しているのですね。それなのに、思うような結果が出ていないのなら、原因はふたつ考えられます。

これ以上できないというほど真剣に努力していないか、あるいは、努力の方向性が間違っているか。このどちらかです。

自分自身は努力している「つもり」でも、どこかに気のゆるみや甘えがあれば、それに見合った結果しか出せません。また、エネルギーをかけるポイントがずれているのなら、どんなに努力しても仕事の成績は芳《かんば》しくないでしょう。

いずれにしても、結果が出なかったこと自体を悔やんでも仕方ありません。なぜ、結果が出なかったのかを、この時点でシビアに分析しましょう。

もし、自分は努力が足りなかったと思うのなら、今から粉骨砕身《ふんこつさいしん》がんばるしかあ

りません。結果を出している人は、みんな見えないところで努力し続けています。

見当違いの努力をしていた場合は、何が間違っていたか、原因をきちんと把握《はあく》することです。あいまいなまま先に進むと、同じ失敗をくり返さないとも限りません。

通常、一〇の努力をすれば、一〇の結果が出ます。しかし一〇のうちのどこかに間違いがあれば、結果は一〇以下になる。その間違いが、六番目なのか八番目のポイントなのか。それを見ていき、改善点をつかむのです。こうして問題点を明らかにし、次からはその部分を変えていけば、一〇の結果が出せるはずです。

成果が出ないからといって、すべてを否定してはいけません。失敗とは、本来ありがたいものです。なぜ失敗したかを見極めることは、自分自身の血肉になります。

時には歩みを止めて、ひとり静かに坐る。そして、己を振り返り、また前へと進んでいく。このプロセスが、自分を高めていくのです。

では、失敗の原因を見極めるには、どうすればいいでしょうか。

まず、**自分自身と距離を置いて、客観的に状況を見る視点を持つ**ことが重要です。

失敗を振り返る時、つい、人のせい、環境のせい、タイミングのせい、運のせいにしてしまうことがあります。

そのように自分を守ろうとすると、クリアな目で現実を分析することができません。何かのせいにして終わらせることは簡単ですが、失敗の分析は、自分を正当化するために行うのではありません。

「あの時、○○さんの助言を聞いてしまったから」「会社の決定があと二カ月早かったら」「取引先が倒産するなんて計算外だった」。そんな言い訳は、考えればいくらでも出てくるでしょう。しかし、助言を受け入れたのも、会社の決定を早められなかったのも、倒産するリスクのある取引先とつき合ったのも、あなた自身です。

もちろん、組織の中で働く以上、自分自身に決定権がない場合もあります。それでも、自分の権限の及ぶ範疇《はんちゅう》で変えられたことは必ずあるはずです。

失敗の原因がわかれば、ことは簡単です。

失敗を招いた行動や考え方を変えれば、結果は変わります。あなたが望む結果を得るには、どう行動していけばいいのか。今までの失敗から学びましょう。

◇結果が出ない原因を突き止め、今後の糧として行動を変える。

Q3 転職をくり返し、ひとつの職場に落ち着けない

まずひとつ、確認しておきましょう。初めから希望や条件をすべて満たす仕事はありません。どんな職場も、実際に働いてみると、何かしら不満な点や失望する点が出てくるものです。また、ウマの合わない同僚や理不尽な上司はどこにもいます。「いや、これほどひどいところは他にないはずだ」と思うのなら、転職もいいかもしれません。しかし、一〇〇点満点の職場はないということは心しておきましょう。

また、転職がキャリアアップの重要な手段となる欧米と違って、日本では転職回数が多ければ多いほど、「ひとつの仕事が続かない人＝信頼できない人」という色眼鏡で見られ、条件が不利になると考えておいたほうがよいでしょう。

もちろん、自分の適性に合わないと感じる仕事を無理に続ける必要はありません。しかし、本当にそうなのか、それとも、単に仕事が嫌なだけなのかを見極めるに

は、数カ月や一年程度では足りません。最低でも三年、ひとつの仕事に没頭してみてください。それでも、違うと思うのであれば、その時に辞めればいいのです。三年やれば、たいていの仕事で一人前になれます。また、仕事の面白みもわかってきます。続けるうちに意外に自分に合っていたということも多いものです。

ただし、漫然と仕事をしているのなら、単なる時間の無駄です。肝心なのは、与えられた仕事に全力で取り組むこと。どんなにつまらないと感じる仕事でも、自分らしい着眼点で何か工夫できないか考える。人の見ていないところでも、真面目に努力する。そんな毎日の積み重ねが、仕事の面白さを教えてくれるでしょう。

「即今《そっこん》、当処《とうしょ》、自己《じこ》」という禅語は、「今、ここで、自分が」真剣に生きることの大切さを表しています。

「今」に集中すると、あなた自身が輝いてきます。そうすれば、「どうぞここで働いてください」というオファーが、向こうからやってくるでしょう。

◆辞める判断の前に、最低三年は全力で働いてみる。

仕事での悩み

Q4 今の仕事が自分に向いているかどうかわからない

今は、自分に向いていないと思っても、その仕事は自分で選んだものですね。

それが意に染まない仕事であったとしても、あるいは、ただの偶然からその仕事に就くことになったとしても、最終的に「この仕事をしよう」と選んだのは、自分自身。つまり、その仕事は、あなたに縁があったということです。

ただ、いざ仕事をしてみたら、自分が思い描いていたイメージと違って、やりたいことをやらせてもらえなかった。もっと自分に向いている仕事があるのかも……。

今は、そんな迷いが出ているのかもしれません。

とはいえ、他にやりたい仕事がわからないのなら、腹を据《す》えて、縁のあったその仕事に取り組んでみてはどうでしょう?

「自分はこの仕事に向いているのかなあ」と心の隅で考えながら、気もそぞろに勤務時間をやり過ごしているだけでは、仕事の醍醐味《だいごみ》はいつまで経っても味わえません。また、組織の中で、本当に自分のやりたい仕事をさせてもらえるようになるまでは、長い時間がかかるものです。

まず、今の仕事で存在感を示すためにはどうすればいいか、考えてみましょう。すると、「この仕事、意外に面白いぞ」と思えてくるものです。そんなふうに仕事を楽しめるようになると、あなたは職場になくてはならない存在になっていくはずです。望んでいたポストや仕事が手に入る可能性も高まるでしょう。

それでも、今の仕事以外でやりたい仕事を見つけたいと思うのなら、小学生の頃、得意だったことや大好きだったことを思い出してください。

スポーツ、絵を描くこと、歌や楽器演奏、読書、手芸……。きっと、夢中になってやったことがあるはずです。今のあなたの仕事は、子ども時代に時間を忘れてやったことと関連があるでしょうか？

ただ、読書が大好きだったからといって、必ずしも作家になる必要はありませんし、サッカーが好きだったからといって、サッカー選手を目指せと言っているわけではありません。

好きだったことと共通点のある仕事を探していけばいいのです。

たとえば、本を読むのが好きだったという人は、デスクワークが向いているでしょう。算数や数学が得意だった人は、経理や金融関係の仕事が合うはずです。

自分自身の好き嫌い、得手不得手を純粋に振り返ってみて、浮かび上がった仕事。それが、答えです。その時、世間の目や人の評価を気にする必要はまったくありません。

小学生時代、プラモデル作りが大好きだった私の友人は、大学の商学部に進んだものの卒業時に就職せず、歯学部に入り直しました。就活の時期に、いざ一生の仕事を選ぼうと考えた時、自分は手先を使うのが好きだったと思い出したそうです。

彼は、歯科医になれば、一生細かな作業ができると思ったと言います。その後、アメリカの大学で博士号を取り、今は人気歯科医として活躍しています。

仕事選びは、そのくらい自由かつ柔軟にできるものなのです。

◇小学生の頃に好きだったことから、仕事選びのヒントを得る。

仕事での悩み

Q5 なかなか出世できず、同僚に先を越されて焦っている

スタート地点は同じだったのに、一〇年、二〇年経ってみれば、同期の仲間に随《ずい》分《ぶん》差をつけられている。それればかりか、最近では後輩にまで追い越され始めた。「あいつは、今度課長に昇進するらしい」「彼は、本社に栄転だそうだ」というニュースが耳に入れば、心穏やかではいられないでしょう。

「あいつは、うまくやったよな」「いい上司に恵まれているからな」と、ただうらやましがったり、妬んだりするのは簡単です。

しかし、そこで「比べている自分」に気づいてください。

それぞれが絶対的な存在なのですから、比較には何の意味もありません。このことについては、すでにお話ししてきました。

心が揺れた時、見つめるのは他者ではありません。自分自身です。

あなたは、何のために仕事をしているのでしょうか？　出世のためですか？　それとも、その仕事で誰かに貢献するためですか？

出世したいと思うことが悪いと言っているわけではありません。一生懸命働いているのであれば、自分の力をさらに生かせるポストにつきたいと思うのは当然です。しかし、出世を目的にして働くのは、本末転倒です。

大切なのは、出世することではありません。**質の高い仕事をして、相手に喜んでもらうこと。そして、仕事を通して、自分自身を高める**ことです。

「不昧因果《ふまいいんが》」という禅語をご存じでしょうか。因果を昧《くら》ますな。つまり、自分の行いの結果をきちんと受け止めなさいという意味です。

仏教では、物事には必ず原因と結果があると考えます。シビアな言い方になるかもしれませんが、先に出世した同僚や後輩たちは、その「因」を自ら作ることができていたのです。その結果として、出世という「果」を得た。それだけの話です。

あなたがこれからやるべきことは、人と自分を比べてため息をつくことではありません。どうすれば仕事の質を高められるか考え抜くこと。そして、実践すること。

つまり、あなたの望む「果」を得るための「因」を作ることです。

たとえば、メールひとつとっても、相手の心が和むひと言を添えてみる。そのようなちょっとしたことで構いませんので、続けてみることです。すると、次第に相手と打ち解けて、商談がうまく進むかもしれません。

また、業務に必要な情報を簡単にまとめて部署で共有できるようにすると、「お、あいつは気が利くな」と、あなたを見る目が変わってくるでしょう。

あるいは、頼んだほうもさほど期待していないささいな仕事を、キラリと光る形で返したら、「見どころがあるから、こんな仕事もやらせてみよう」と、大きなチャンスが舞い込むかもしれません。

チーム全体にとって、クライアントにとって最善は何かを考え、自分なりに工夫していけば、平凡な仕事も輝くものに変わります。あなたにしかできない仕事が増えていきます。すると、「私が、私が」と自己主張しなくても、「あの人をぜひこのポストに」とまわりから推されるようになるでしょう。

◆何のために仕事をしているか問い直し、自分を高める。

恋愛・結婚の悩み

Q1 好きな人がなかなかできず、出会いもない

現実はおとぎ話ではないですから、ある日突然、あなたの理想にぴったりな白馬の王子と出会うことはないかもしれません。

しかし、私たちには常にたくさんの出会いが用意されています。

ちょっと、振り返ってみてください。ここ数カ月の間に、あなたも仕事やプライベートで、本当はいろんな人に出会っているのではありませんか？　それなのに、その出会いを何とも思わず、見逃しているのでは？

実は、「出会いがない」のではありません。「出会うための心の準備ができていない」のです。言い換えれば、周囲の人に対して心を開いていないということです。

傷つきたくない、失敗したくない。そんな思いが強すぎると、つい用心深くなってしまいます。そのせいで、自分では気づかないうちに、新たな人間関係を築きに

くなっているのではないでしょうか。

「いえ、準備ならできています！　ずっと、恋人募集中です」と言うのなら、普段の出会いをもっと大切にしていきましょう。心をオープンにして自分のことを話し、知り合った相手にも興味を持って話しかけてみるのです。また、普段接する人にも優しい笑みを向け、あたたかい言葉をかけるのです。

そうやって、心を開いていけば、必ずいい出会いをつかまえられます。

もし、会社と家の往復ばかりで人と知り合う暇などないというのなら、待っていては埒《らち》があきません。「誰か私に合いそうな人がいたら、ぜひ紹介して」と友人や知人に声をかけてみましょう。また、趣味のサークルを見つけたり、習い事を始めてみたりするのもいいでしょう。

素直に出会いを求めれば、あなたのために一肌脱ごうという人は必ず現れます。そして、必ずいい出会いに恵まれます。

とはいえ、肝心なのはそこからです。その出会いを今までのように、通り一遍の出会いで終わらせるのか、それとも、お互いの大切な存在になれるような関係に育てていけるのか。そこには大きな違いがあります。

いい相手と結ばれたいというあなたを、この言葉が応援してくれるでしょう。

「宝所在近　更進一歩（ほうじょちかきにあり　さらにいっぽすすめよ）」

宝物はすぐ近くにある。だから、もう一歩進みなさいということです。

仏教では、宝物とは「仏性」であり、悟りの世界のことです。つまり**自分の中の尊い部分に到達するためにあと一歩だと気づきなさい**と、この言葉は説いています。

人との縁も同じです。ひとつの縁を結ぶために、あるいは、その縁を大切に育てるために、さらにもう一歩踏み出しましょう。なんとなく気が合うなと感じる人と出会えたら、見栄や虚栄心を捨てて、あなたから次に会う提案をするのです。

ただし、「いつか、ご飯でも食べましょう」「また今度、お会いしましょう」では、いつまで経ってもその約束は果たされません。「では、来月ご連絡しますね」「次の週末、空いていますか？」と、具体的に聞いてみましょう。

そのひと言が、「宝所」へとあなたを導いてくれるでしょう。

◆心を開いて人と接し、出会いを大切に育てる。

恋愛・結婚の悩み

Q2 相手に失望しているのに、ひとりになるのが不安で別れられない

もし今、川で溺《おぼ》れそうになっていて、近くに丸太とワラが浮いていたら、あなたは丸太とワラのどちらをつかみますか？　答えは明白ですね。すぐ沈むワラをつかむ人はいないはずです。ところが、今あなたはそのワラを必死で握りしめています。

どんなに死に物狂いでつかんでも、ワラはあなたを助けてはくれません。

恋愛は相手を思うことで心が幸せになり、お互いに高め合える素晴らしいものです。しかし時には、相手の考え方に同意できないことや、主張がぶつかり合うこともあります。また、相手のささいな言動に不信感や違和感を覚えることもあります。

そこで話し合い、絆《きずな》を強められたらいいのですが、逆に、相手の人間性が信頼できなくなることもあるものです。そうなると、成長し合える関係は作れません。それどころか、お互いを傷つけるだけの、いわゆる悪縁になることすらあります。

一度悪縁を結ぶと、どんなに自分ががんばっても、つらいほう、苦しいほうへと引きずられてしまいます。ふたりの縁がそんな悪縁だと気づいたから、あなたは、その縁は手放したいと思っているのではないですか？

恋人と別れるのは、確かに心細いでしょう。ですが、人は基本的にひとりで生きていけるのです。生まれてくる時も、旅立つ時も、ひとりではないですか。「私は寂しがりだから、誰かといないと生きていけない」というのは、単なる思い込みです。別れた当初は寂しさや不安もあるかもしれませんが、それは一時のことです。

道元禅師は、「放てば手に満てり」という言葉を残しました。持っている**ガラクタを手放せば、あなたにとってもっとも大切なもので満たされる**ということです。

思い切って、ワラを手放しましょう。すると、意外にスイスイ泳げるのがわかるでしょう。そして、人生という長い川をともに進める大きな丸太が、あちらこちらに浮かんでいるのが見えてくるでしょう。

◇悪縁を手放せば、必ず良縁に恵まれる。

恋愛・結婚の悩み

Q3 自分に自信がなく、恋愛に積極的になれない

「自分に自信があります」と胸を張って言える人は、ほんのひと握りではないかと私は思います。それでも、多くの人が恋愛を楽しみ、また結婚もしていますね。

自分に自信がなくても、「あの人が好き」「この人と一緒にいたい」という思いさえあれば、恋愛も結婚もできるのです。

時折「私なんて、婚期をとっくに逃していますから」「もう年だから、恋愛は卒業です」と言う人がいますが、それは自分で決めつけているだけ。私は、人間はいつでも適齢期だと思っています。「○歳だから」というのは、世間が勝手に作った常識にとらわれているだけに過ぎません。縁さえあれば、何歳でも「婚期」です。

「自信がない」という言葉の奥には、「告白してふられるくらいなら、片想いで十分」「人とつき合って嫌な思いをするなら、ひとりでいたほうがいい」といった気

持ちがあるのではないでしょうか。そうだとしたら、恋愛にはいつまでも積極的になれないでしょう。

どんなことでも、一〇〇パーセント思い通りにいくことなどありません。また、どんな人間関係にも面倒なことは必ずあります。時にはケンカし、自分を抑え、相手と向き合うから信頼関係が生まれ、お互いがかけがえのない存在になれるのです。時には、打ち身や擦り傷を負うこともある。自分のふがいなさに涙することもある。それでも前進するからこそ、大きな喜びが手に入ります。

恋愛においても、「つらいことや嫌なことはいらない。いいところだけが欲しい」というのは無理な話です。むしろ、思い通りにいくことのほうが少ないでしょう。

しかし、たとえ**傷つくことがあったとしても、それを「負」の経験で終わらせるか、それともプラスに転じさせるかは、あなた次第**です。

「やっぱり私には魅力がないんだ」で終わらせたり、「なんて、ひどい人なんだろう」と相手を非難したりするだけなら、単なる嫌な出来事にしかならないでしょう。

しかし、自分が傷ついた経験があれば、同じように傷ついた人の痛みがわかるようになります。また、自分は人を傷つけないようにしようと思えます。経験が、人間的な成長や魅力につながっていくのです。

マイナスをプラスに転じるのが、禅の発想です。この発想を持っていれば、たとえ試練だと思えるようなことが起きても、それをきっかけにして、一皮も二皮も剝《む》けた大人に成長していけるのです。

もちろん、自らすすんで嫌な思いをしたり、傷ついたりしたほうがいいと言っているわけではありません。この縁はいいものになると思えばパッとつかまえればいいし、自分にとってマイナスにしかならない縁だと思えば、避けて通ればいい。その見極めをするためにも、経験を積むことが大切なのです。

物事を見極める眼を養うために役立つのが、坐禅です。日常から離れて自分をリセットする時間は、日々のストレスを癒し、あなたを成長させてくれるでしょう。

数々の経験を通して自分が磨かれた時、その結果として自信が得られます。それには、まず自分から心の扉を開いて、さまざまな人と出会っていくことです。

◆さまざまな経験をしてこそ成長でき、自信がつく。

Q4 プロポーズされたが、本当にこの人でいいのか決めきれない

どんな人と結婚するかは、自分がどのような人生を送るのかを決める大きな要因になります。ですから、「本当にこの人と結婚していいのだろうか」と悩むのも当然でしょう。「この人に決めた！」と思えるまで、心ゆくまで悩んでください。

ただ、その人の持っている条件、つまり、家庭環境や収入、身長、学歴などを値踏みして迷うのはもってのほかです。

「この人は、出世しそうだから」「安定した職業に就いているから」「かっこよくて、みんなに自慢できそうだから」。相手の人となりも見ずに、そんな理由で結婚相手を決めようとしているとしたら、後で苦しむことになります。

長い年月をともにするのは、学歴や収入ではなく、その人自身だからです。

では、何を指針にして、結婚相手を決めればいいでしょう。

それは、**その人がどんな心根を持っているのか。お互いを理解し合えるか。そこがポイント**です。以心伝心で気持ちが通じ合える間柄になれば、人生という長い旅の道連れとして申し分ないでしょう。

その他にも、大切なポイントがあります。それは、その人の価値観が自分と合うかどうかです。価値観というと、少し抽象的に感じるかもしれませんね。わかりやすく言うなら、次のようなことです。

余暇はどう過ごしたいと思うのか。どんな食事やインテリアが好みなのか。お金の使い方についてはどう考えているのか……。つまり、ライフスタイルや金銭感覚、人とのつき合い方など、その人が何を大切にして生きたいと思っているかです。

たとえば、あなたは週末は家でガーデニングでもしてのんびり過ごしたいのに、相手は趣味のサーフィンを楽しみたいと思っている。あなたは和食が好きなのに、相手は揚げ物や焼き肉が大好き。あなたは堅実に貯金したいのに、相手はお給料の大半を趣味につぎ込んでしまう。これでは、うまくいくはずがありません。

「愛があれば、価値観の違いなんてへっちゃら」と言う人もいます。確かに、価値観はまったく違うのにうまくいっているご夫婦も皆無ではないでしょう。また、恋愛気分が抜けない時は、それでもいいかもしれません。

しかし、自分と感じ方や考え方がまったく違う相手と、長い人生でともに生活するのは、かなりの努力がいることは覚悟したほうがいいでしょう。

私は長年いろいろなご夫婦を見てきましたが、仲良く幸せなカップルは、どの方々も共通の趣味があったり、食べ物の好みが似ていたり、価値観が似ています。

逆に、周囲から見たら美男美女のお似合いのカップルでも、結婚一年も経たないうちにあっさりと別れてしまう方たちもいらっしゃいます。話を聞いてみると、「価値観が合わなかった」とおっしゃるのです。

もちろん他人同士ですから、一〇〇パーセント価値観が合う人はいないでしょう。それでも、できれば七割、せめて六割程度は、好きなことや感じ方、ライフスタイルが合う人。そんな人であれば、そのプロポーズは受けてみてもいいのではないでしょうか。

◆価値観が合うかどうかが、見極めのポイント。

恋愛・結婚の悩み

Q5 配偶者以外の人を好きになってしまった

たとえ配偶者がいたとしても、他に好きな異性がいること自体は悪いことではないと私は思います。禅僧なのに、意外なことを言うと思われるかもしれません。

しかし、時には「あのカフェの店長さんは素敵だ」「隣の部署の課長に憧れる」「○○さんのことを考えるとドキドキする」といった気持ちが生まれるのは、人間として当然のこと。罪悪感を持つ必要はありません。人が人を思う気持ちを無理に押し込めるほうが不自然というもの。ときめきは人生にうるおいを与えてくれます。

誰かを好きという感情が心にハリを持たせ、自分を高めることにつながれば、それは素晴らしいことだと思います。「あの人に好かれたいから、きれいになろう。美しい立ち居振る舞いをしよう」と思えるのは素敵なことではないでしょうか。

問題は、そこで自制心を働かせ、相手との距離をきちんと保てるかどうかです。

そこから先へ進んで、家庭を顧《かえり》みなくなるほどのめり込んでしまうのはいけません。好きという気持ちがエスカレートし、相手への執着になってはいけないのです。仏教には、「十重禁戒《じゅうじゅうきんかい》」という戒律《かいりつ》があります。「不殺生戒《ふせっしょうかい》（殺してはならない）」「不偸盗戒《ふちゅうとうかい》（盗んではならない）」に続き、三番目に挙げられているのが「不《ふ》邪淫戒《じゃいんかい》（よこしまなことをしてはならない）」です。

その戒をきちんと守れるかどうか。今、あなたは問われています。

ここで、結婚を決めた時のことを思い出してください。この人と一生添い遂げようと思い、あなたは結婚という選択をしたのではないでしょうか。

結婚は人生の節目だと言いますが、それほどふたりの人生にとって大きな出来事なのです。**竹がどんな強風にも折れない強さを持っているのは、しっかりとした節があるから**です。ともに人生の節を作った配偶者は、あなたの人生にとって一番大切な人。このことを常に忘れずにいてください。

◆感情を押し殺す必要はないが、自制心を持つこと。

生き方の悩み

Q1 自分の役割や使命が欲しいが、まだ見つからない

どんなことであれ、人には必ずなすべきことがあります。たとえば仕事かもしれないし、あるいは、子育てや家事、勉強かもしれない。まず、自分の目の前にあることをとことんやり抜いてください。

それは、決して特別なことではないかもしれません。しかし、今日あなたがやるべきことが縁によって運ばれてきたもの、あなた自身が選んだ役割です。

「いや、自分にしかできない、特別な役割や使命が欲しいんだ」と思うかもしれません。しかし、特別でない役割など、どこにもありません。また、どんな仕事であろうと、どんな役割であろうと、世の中の役に立たないものは何ひとつありません。

もし、「今の仕事は、専門知識や高度な技術がいるわけでもないから、特別なんかじゃない」と考えるのなら、あなた自身がその仕事を特別なものに変えるのです。

ただ惰性で取り組んでいるだけでは、難しいでしょう。必死になってやっていくこと。これが大切です。

単なる作業を使命に変えるヒントをお教えしましょう。

「守破離《しゅはり》」という考え方があります。今までのスタイルをまず習得して「守」り、その後、そのスタイルを「破」る。そして、既存のものから「離」れた自分だけの新しい型を生み出す。これが、守破離の概念です。そのような観点から**大局を観ながら、小局、つまり日々の仕事に取り組んでいく**のです。

たとえば、あなたがスーパーでレジ係をしていたとします。もしかすると、商品を精算するだけの単調な仕事と思うかもしれません。しかし、実務を覚えたら、そこに自分の持ち味を加えていくのです。誰よりも早くレジ処理ができるように工夫し、「この人素敵だな」と思わせる笑顔で心のこもった接客をして、店一番の商品知識を身につける。そうすれば、それは特別な仕事になります。

「日本一のレジ係になる」。そんな意気込みで仕事に取り組んでみてください。その姿を見ている人が必ずいます。そのうち、周囲から一目置かれるようになり、他のレジ係の指導役となったり、店全体の運営に意見を求められるようになったりするでしょう。実際に、パートやバイトで入社して活躍し、事業部長や取締役などの責任ある役職へ上り詰めた例はたくさんあります。

私は、決して出世を目指せと言っているわけではありません。また、成功することが人生の目的だと言っているわけでもありません。

日々充実感を持って、自分の力を人のために役立てながら生きるには、たった今あなたの目の前にあることに、プライドを持って取り組むことこそが大切なのだとお伝えしたいのです。これ以上ないというくらいひたすら目の前のことに向き合っていくと、その役割がいつしか使命になり、そして、生きがいとなっていきます。

時には、今あなたのやるべきことが、これまで思いもよらなかった場所へとあなたを運んでいくこともあるかもしれません。

ですから、今ここにないものを探して右往左往する必要はないのです。大丈夫。あなたはすでに使命を持って生きるための鍵を手にしています。

◆目の前にあることを必死でやれば、使命につながる。

Q2 やりたいことが多すぎて、ひとつに決められない

やりたいことがたくさんあるのは、意欲的に生きているということです。決して悪いことではありませんよ。人生は一度しかないのですから、やってみたいと感じることには、どうぞ積極的に取り組んでください。

しかし、あれもこれもやりたいと目移りして、ひとつに決めることができないのは問題ですね。どれも中途半端になってしまい、結局はどれもものにならずに終わるでしょう。

もちろん、さまざまなことにチャレンジすれば、その分、多彩な経験はできるかもしれません。しかし、人生も半ばを過ぎて過去を振り返った時に、何かを極めたという満足感がなく、「自分は何をやって来たのだろう」とため息をつくことになりかねません。

現代では、インターネットやメディアを通して、常にさまざまな情報が押し寄せています。ですから、人のやっていることが魅力的に見えたり、新しく登場したものが新鮮に見えて、ついあれこれ手を出したくなることもあるでしょう。

しかし、「自分はこれをやる」と一度決めたら、とことんやること。まずは脇目もふらず、その道に邁進《まいしん》してみることです。

ひとつの道を極めた人は、必ずひとかどの者になっています。その分野の能力を極めているだけでなく、芯の強さが育っています。

道を進んでいく過程では、当然努力もしなければなりませんし、忍耐力も問われます。その過程で逃げ出さず、前進し続けた人ならではの人間力が得られるのです。

「そのひとつを選ぶことができないから困っているのだ」という声が聞こえてきそうですが、答えは簡単。**縁のあるほうを選べばいい**のです。

選ぶことを重大にとらえすぎると、かえって身動きができなくなります。

たまたまタイミングが合って、とんとん拍子で話が進んだこと。先に話がきたこと。なんとなくやってみたいと思ったこと。それが、あなたに縁があることです。

たとえば、どんなにこの仕事をやりたいんだと思っても、採用してもらえないこともあるでしょう。また、せっかくやる気があるのに、なぜかさまざまな事情が合わずできないものもあるでしょう。

それは、今は縁がないものです。ですから、それに執着する必要はありません。

また、今ある縁を無視して、新たな縁を追い求める必要もありません。

たまたま、都合が合ってやることになったもの、縁あって向こうから話がきたものは、「これをやるような風が吹いているんだな」ととらえて、やってみればいい。

そう、シンプルに考えればいいのです。今ある縁を育てれば、必ず芽が出て花が咲きます。どんな花を咲かせるかは、あなた次第です。

「一行三昧《いちぎょうざんまい》」という禅語があります。

一行とは、心をひとつに決めて乱さないこと。三昧とは、一心不乱に没頭する様子を表します。ただひとつのことに全身全霊であたる時にだけ、見えてくる境地があります。その境地を味わってみたいと思いませんか？

◆今ある縁を一心に育てれば、必ず花が咲く。

生き方の悩み

Q3 見た目が老けるのが不安。お金をつぎ込んでも満たされない

世の中に変わらないものはありません。また、時間を止めることは誰にもできません。生きている以上、年を重ねて体が変化していくのは自然です。

いつまでも健康で若々しくいたいと思うのは素晴らしいことですが、いくつになっても二〇代の自分でいたいと望むのは無理というものでしょう。

「シワや白髪が増えた」「昔のように、テキパキ動けなくなった」「物忘れが激しくなった」と、ため息をつく気持ちもわからなくはありません。しかし、止められない変化を嘆くより、変化する自分を受け入れて上手につき合うほうが、何倍も楽しい人生が送れると思いませんか？　老いるのは、人として当然のことです。そうであれば、心豊かに日々を過ごし、いくつになっても魅力的な人間でいられるように努力する。これが、本来の「アンチエイジング」ではないでしょうか。

そうとらえると、高価なサプリメントや美容整形にお金を使う必要はないとわかります。雑誌やテレビでアンチエイジングを謳《うた》った食品や健康器具が紹介され、若々しいモデルが登場するとうらやましいと思うかもしれません。しかし、それは特別な例が紹介されているだけですから、自分と比べて落ち込む必要はないのです。

いくら大金をかけて**外側を変えても、内側が不安や怖れでいっぱいなら、その人は魅力的には見えません**。あなたのまわりで、「素敵だな」と思える年配者を思い出してください。いつもイキイキと、楽しそうにしている人ではありませんか？

身だしなみに気を配り、日常生活のリズムや食生活を整え、適度に運動する。そして、楽しく日々を過ごす。そうやって生きることによって、若さは十分保てます。

イキイキしている人は活動的に見えますし、生活がきちんとしている人は血色がいいので健康そうに見える。ですから、若く見えるのです。

私も、実年齢より若く見られることが多いのですが、特別なことは何もしていません。あえて言うなら、僧侶として規則正しい生活をしていることと、毎日好きな仕事をしていること。このふたつのおかげだと思っています。

また、坐禅の効用もあるでしょう。第2章でお話ししたように、坐禅を組むと身心の健康面に非常に良い影響があることが、医学実験からも証明されています。

ご参考までに、私の日常をご紹介しましょう。起床は毎朝四時半。境内の掃除をすませ、日中は、住職、大学教授、庭園デザイナーとして仕事をします。ご葬儀や法事、授業、デザイン、打ち合わせのための来客。その間に書類やメールの対応で、あっという間に一日は過ぎていきます。二一時半頃には仕事を片づけ、しばしゆったりとした時間を過ごした後に就寝。そのくり返しです。海外出張も多く、三六五日休みなしの状態です。腹八分目を心がけ、肉は少なめで野菜中心の食生活です。

「ご趣味は何ですか?」と時々聞かれますが、趣味だった庭園デザインが仕事になったので、今は仕事が趣味というところでしょうか。毎日好きなことをやっているので、こんなに幸せなことはないと感謝しています。

最高のアンチエイジングは、好きなことをやること。そして、今の人生を楽しむこと。これにつきると私は思います。

◆人生を楽しむことが、最高のアンチエイジング。

Q4 死ぬのが怖い

人間は、いつか必ずこの世を去る時がきます。しかし、死を経験した人は誰ひとりいません。死がどんなものか、誰も事前に聞くことはできない。であるからこそ、みな不安になるのでしょう。

仏教では、生と死は一体であるととらえ、生死の問題を明らかにすることが重要であると考えます。死とは何か追究するならば、生きることについて徹底的に向き合わなければならないですし、生きることを突き詰めれば、死について真剣に考えなければならない。これが、お釈迦様の教えです。

禅の修行道場には「生死事大《しょうじじだい》」と書かれた木板《もっぱん》がかけられています。起床から就寝までの日課は、毎日この木板などの鳴らしものを鳴らして知らせるのが決まりです。木板の言葉は、禅僧として一時も無駄にせず、常に生死について意識せよと教えています。

ところで、あなたに与えられた命は、誰のものでしょうか？

自分自身のものと答えたいところですが、それでは不正解です。

「定命《じょうみょう》」という言葉があります。

人には、それぞれ定められた命があり、その長さは誰もわからない。定命が尽きたら、どんな人もこの世を旅立っていかなければならない。つまり、命は仏様・ご先祖様からの預かり物であって、いつかは返さなければいけないものなのです。

定命が長い人もいれば、この世に生を享《う》け、すぐに命を返さなければならない人もいます。しかし、定命が長ければいいというわけではありません。それぞれの人が自分に定められた命を、これ以上できないというくらい大切に生き切ること。これこそが、私たちに問われていることです。

つまり、「いい人生だった」と言って旅立つためには、どのように生きればよいのか。それを追究することが、日々を送る上でもっとも大切なことなのです。

それは、どんな生き方でしょうか。

ひと言で言えば、毎日「今日はやりきったな」と思えるような一日を送ることです。

自分のやるべきことに一生懸命取り組んで、失敗したら失敗したで構いませんし、成功したら成功したでいい。**悔やし涙でもうれし涙でも、どちらでもいいですから日々流せるような生き方をする**ことです。

それは、仏様・ご先祖様に命を返す時に「ああ、この世で一生を過ごすことができて良かった」と思える人生を送るためです。

自分の仕事をやりきった。ひとりの人を愛し通した。一生懸命子育てをした。どんなことでもいい。「生まれてきて良かった」と最期の瞬間に心からそう言えるよう、日々歩んでいきましょう。

死を怖れている暇など、一瞬たりともありません。

◆命は仏様・ご先祖様からの預かり物。日々を大切に生き切る。

第4章

人生が好転する「悩まない生き方」

悩みのない毎日はすがすがしい

人生の醍醐味は、どこにあるのでしょう?

それは、人によっても違い、答えがないところだと思います。

「これが最善だ」と選んでも茨《いばら》の道だったということもありますし、「この選択は失敗だった」とがっかりしても、辛抱強く進んでいけば、思わぬ展開で成功に転じることもあります。

これまでお話ししてきたように、たとえば、AとBのふたつの道があったとして、どちらを選んでも「正解」であり、自分次第で不幸せにも幸せにもなります。

ですから、どの道を選ぼうが、安心して進んでいけばいい。

人と自分を比べる必要もないし、過去や未来に振りまわされることもない。

それがわかると、人生が俄然おもしろくなってきます。執着や欲、世間の常識などにとらわれず、自由自在に物事を選択していけるからです。

そのような何物にも固執《こしつ》しない、さわやかな境地を表すのが、「千里《せんり》同風《どうふう》」という禅語です。

この場合、千里は「あらゆるところ」という意味です。千里離れていても、同じ風が吹いている。つまり、どこへ行っても同じ状態で、世の中が良く治まっている様を表します。

この世界は、あまねく仏の真理に守られています。そこで生きる私たちは、どこで何をしていようとも、力の限りを尽くして生きればいい。

自分を無理に追い立てる必要もなければ、自分以外の誰かになろうとする必要もない。あるがままの自分をあるがままに生きる。すると、どんな時も「今が楽しい」と言える人生が待っています。

もし、**何を選べばいいのか答えが出ないというのなら、その時は、ただ待ってみればいい**のです。時が満ちれば、自ずとひとつの道が見えてきます。

これほど、楽な生き方はありません。

そしてこれが、私たち本来の生き方なのです。

「決める力」が運をはこぶ

庭造りの実作業をする時、私は常に即決即断しています。どの庭木をどの向きでどこに植えるか、あるいは、どの石をどの角度で据えるか。悩むことはまずありません。

私の指示を待っている庭師さんや作業員たちに対して、「ちょっと考えるから、待って」と言ってしまうと、大勢の人の手が止まってしまいます。たとえば、一〇人の作業員の手を一〇分止めたら、一〇〇分もの損失です。

ですから、経験とセンス、そして直感を総動員して「こうだ」と思ったら間髪を入れずに指示を出し、作業をする人たちから質問があれば、いつでも即答できるようにしています。事前に丹田呼吸で集中力を高め、一気に作業に当たるので、見た瞬間に、何をどうすればいいのかすぐに判断できるのです。

時には、現場で当初のデザインを変更することもあります。

現地の風を感じ、陽射しの加減や土の状態を自分の目で見ると、新たなインスピレーションが湧いてきます。また、庭石を据えたり樹木を植えたりする過程で、予定とは違う位置にしたほうが、素材の表情がさらに生きるとわかることもあります。

その時はためらうことなく、作業途中でもすぐに変更指示を出します。私自身が「生きている図面」なのです。

そのように自信を持って決断するために、日頃から探求心と好奇心を忘れないよう心がけ、さまざまなものに触れていますが、坐禅の力も大きいと実感しています。

坐禅を続けていると、「どうしようかな」と考えあぐねることなく、即座に答えを出せるようになるのです。

物事に執着しなくなり、「今、ここ」に集中できるからです。

そのような姿勢ができてくると、いい縁が訪れた時に見過ごさず、サッとつかむことができます。もっと言えば、**どんな縁や出来事もチャンスに変えていく、しなやかな強さが生まれます**。

その強さこそが悩みを払拭し、人生を最高の場所へと運ぶのです。

悩まない心が、人生の道を照らす

あるお檀家《だんか》さんが、最高の人生の締めくくり方を見せてくださいました。

「我が人生、万歳」

ご家族にそう言い残して、旅立たれたのだそうです。「やるだけのことをやった」とも言っていたとのこと。息子さんは、「あのオヤジは、絶対に越えられません」とおっしゃっていました。

生前のその方を、私もよく存じ上げています。ある企業の役員として活躍された後、子会社の社長になり、その後、大好きだった趣味のゴルフを生かしたアイデアで販路を拡大し、会社を飛躍的に成長させた方です。

着眼点がユニークで、「これはいいいな」と思ったら、すぐ行動に移す。「何のために」「どうすれば」と考える前に、体が動いている。そういうタイプの方でした。

長い人生では順風満帆な時ばかりではなかったでしょう。しかしその方は、たとえ八方ふさがりの状況でも、それを突破することを楽しんでいたに違いありません。

八七歳で天寿をまっとうした私の父も、見事な最期を見せてくれました。

亡くなる当日もいつも通り早朝に起き、部屋の片づけと掃除をして、昼食をとりました。その後、ふらついて胸を打ったので病院に行ったところ、血圧が異常に下がっており手当てしましたが、間もなく息を引き取ったのです。

父はその前日にも、境内の草取りを三時間していました。

亡くなる数年前からガンを患《わずら》っていましたが、最期の日まで普段通りにやるべきことを体の動く限り続けた父の逝き方は、あっぱれとしか言いようがありません。

この世を去るその瞬間まで、自分の力を尽くして生きる。身をもって、父はそのことを教えてくれました。

「生き抜いた」「やりきった」と納得して旅立てるほど幸せなことはないでしょう。

一〇〇パーセントの満足感で最期を迎えられるのは、まれなことかもしれません。

しかし、自分の納得できるゴールを目指し、今日も一歩ずつ歩みを進めていきたい。

その思いさえあれば、人生の道は、いつでもひと筋に照らされています。

実践　坐禅を組んでみよう

これまで、坐禅の効用についてお伝えしてきました。しかし、坐禅とは本来、何かを得るために行うものではありません。

真の坐禅のあり方を「只管打坐《しかんたざ》」と言います。

何も求めず、ただひたすら坐った結果、いつしか悟りが訪れる。気づかないうちに心の平安が得られる。それが、本来の坐禅のあり方です。

ですから、「坐禅をすれば、すごい変化が起きるかもしれない」といった過度な期待は手放しましょう。逆に、「自分に坐禅なんてできるかな」という不安も必要ありません。

姿勢と呼吸を整えれば、自然に心が整います。これを、「調身《ちょうしん》・調息《ちょうそく》・調心《ちょうしん》」と言います。

姿勢や呼吸の整え方は、はじめは直接お寺などで指導してもらうのが理想ですが、基礎をきちんとつかめば自分ひとりでも坐禅が組めます。次ページからの手順を見て、ぜひチャレンジしてみてください。

正式な坐禅は四〇分程度が一単位ですが、家で行う場合は、五分でも一〇分でもいいでしょう。慣れてきたら少しずつ長く坐り、自分のライフスタイルや体調に合わせた時間を見つけてもいいかもしれません。

まず、一回坐ってみましょう。はじめは、坐禅中に浮かぶ雑念の多さにびっくりするかもしれません。しかし、たとえはじめは集中できなくても、続けるうちに次第にリラックスできるようになります。

何もせずに、姿勢を正して深い呼吸をくり返す。ただそれだけのことで、**普段は雑事にとらわれている心が静かになっていくのが感じられて、驚くことでしょう。**

どんなことでも、一〇〇日続けば自分の習慣になります。ですから、まずは短時間でもいいので、一〇〇日を目標に続けてみましょう。朝の洗面後すぐ、あるいは、就寝前など、日課の中に組み込んでしまうと続けやすくなります。

坐禅によって、自分で自分の心を整える。これが習慣になれば、深い迷路の森に迷い込む前に、自ら気づいて自分の道へ戻ることができるようになるでしょう。

【座蒲団を使う坐禅】

◎坐禅を始める前に

部屋を片づけて落ち着ける環境を作り、ゆったりした服装で行います。アクセサリーや腕時計は外し、裸足になりましょう。座蒲団か固めのクッションを用意し、坐禅を組む場所を決め、壁に向かって坐ります。
※坐蒲《ざふ》（坐禅用の座蒲団）がある人は、それを使いましょう。

1　足の組み方

ふたつ折りにした座蒲団か、クッションの中心より前側（深すぎず浅すぎない位置）に坐り、足を組みます。両膝とおしりの３点で上半身を支えるのがポイントです。足は、体の硬さや体調に合わせ、無理のない組み方をしましょう。

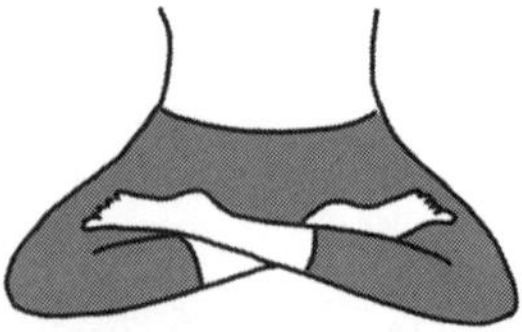

結跏趺坐《けっかふざ》
両足を組む坐り方です。まず、右足の先を手で持ち、左足太ももの付け根に乗せます。次に、左足の先を手で持ち、右足太ももの付け根に乗せます。

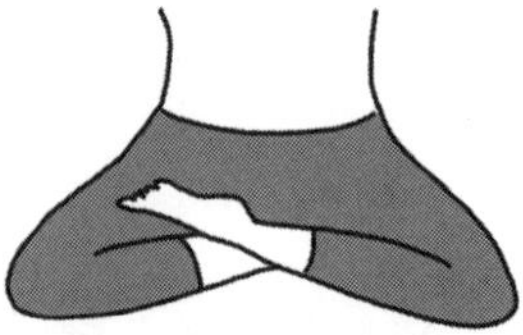

半跏趺坐《はんかふざ》
片足を組む坐り方です。右足の先を左足の付け根の下に深く入れます。次に、左足の先を手で持ち、右足太ももの付け根に乗せます。

2　手の組み方

右手を左足の上に置き、その上に左手を乗せて両手の親指を自然に合わせます。この時両手の親指は、力を入れて押しつけたり離したりせず、軽くつけておきます。この手の形を法界定印《ほつかいじよういん》と言います。組んだ両手は下腹部につけ、腕は軽く開きます。

3　上半身の位置

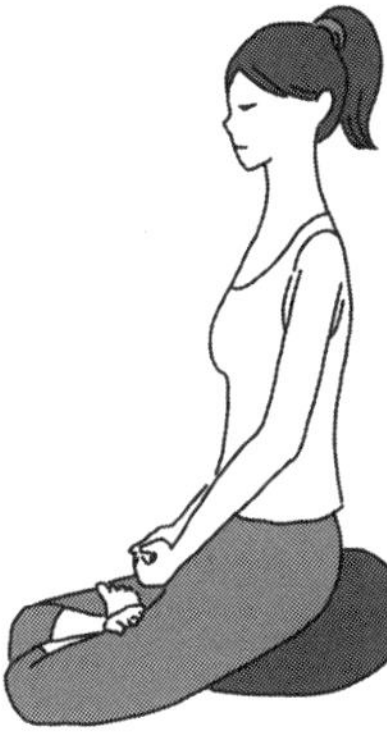

頭で天井を突き上げるようにして背筋をまっすぐ伸ばし、あごを引きます。両肩の力を抜き、腰を安定させます。腰が反りすぎないよう注意し、尾てい骨と頭頂部が一直線になるよう意識します。

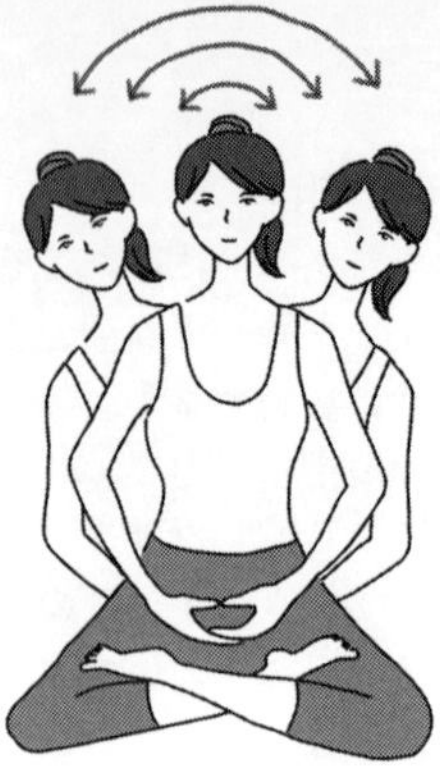

4　左右揺振《さゆうようしん》

上半身を振り子のように左右に揺らします。はじめは大きく揺らし、徐々に振り幅を小さくして左右どちらにも傾かない位置で静止し、上半身をまっすぐな状態で落ち着かせます。

5　口の閉じ方と視線の位置

口を閉じ、舌先は軽く上あごの歯の付け根につけます。目は眠気防止のため、完全には閉じません。まぶたを半分ほど閉じて「半眼」の状態にし、視線は約45度に落とし、およそ1メートル先を見ます。

6　呼吸の仕方

姿勢が整ったらリラックスし、静かに2、3回深呼吸します。その後、丹田を意識しながら、鼻からゆっくりと呼吸していきます。自分が心地よいと感じるペースで、細く長く丹田呼吸をくり返します。

7　坐禅中の注意

坐禅中にさまざまな思いが浮かんできても、それにとらわれないことです。無理に「考えないようにしよう」と思うのではなく、浮かんだままにしておきます。呼吸に集中していると、やがて思いは去り、静かな境地が訪れます。

【椅子を使う坐禅】

坐禅は、椅子に座って行うこともできます。足が悪い人や足を組むことに慣れていない人におすすめです。

椅子坐禅は、オフィスや公園のベンチ、移動中の車内、トイレの中などでも気軽にできます。仕事中に気分転換したい時、会議や発表の前に心を落ち着かせたい時などにもすぐできるので、日常の中に取り入れて、坐禅をより身近なものにしてください。

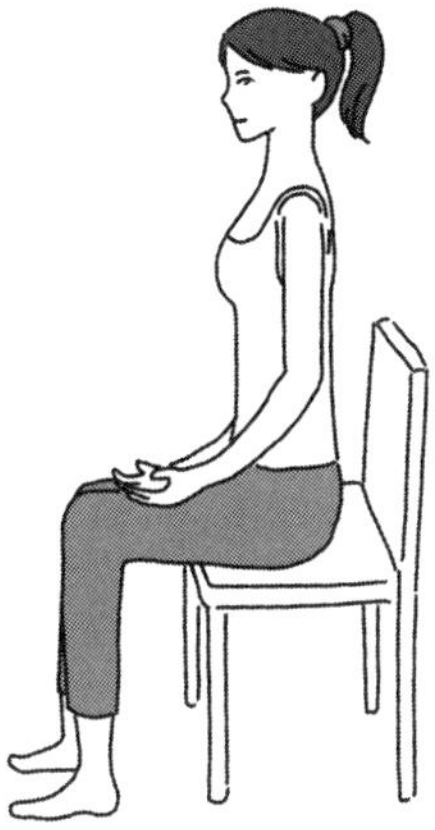

1　坐り方

足を肩幅に開き、椅子に浅く腰掛けます。背もたれによりかからず、足裏はしっかり床につけましょう。前傾姿勢にならないよう注意しながら、腰掛ける位置を調整し、膝が直角になるようにします。

2

椅子坐禅のやり方

191 ～ 192 ページの２～７を参考にして、坐禅を行います。

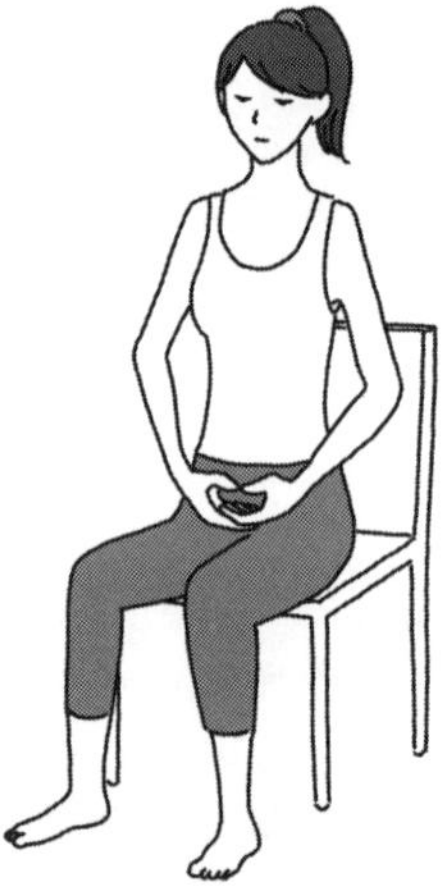

3　坐禅の時間

仕事中や移動中などにリフレッシュしたい時や、緊張をほぐしたい時、集中力を取り戻したい時に行う際は、３～５分ほどでも効果が得られます。

◎坐禅中の心の状態について

坐禅を始めると、さまざまな思いが湧いてくるのに驚くでしょう。「姿勢はこれでいいのだろうか」「足が痛いな」「あの用事を片づけなければ」など、挙げればキリがありません。そんな時は、浮かんできた思いにとらわれず、静かに呼吸を続けてください。

しばらくすると、普段は気づかないさまざまな音が耳に入ってきます。風の音や鳥のさえずり、遠くを走る車の音……。あるいは、いつもは見過ごしてしまう体の感覚や香りを感じることもあるかもしれません。

それらの感覚にもとらわれず坐り続けると、ある時フッとまわりのことがまったく気にならなくなる瞬間が訪れます。

雑念が消え、頭の中に何も留まっていない「無」の瞬間。最高に心地よく、穏やかで、広い大宇宙に自分ひとりがポツンと坐っているように思える瞬間です。

はじめは、「おや、今の感覚は何だったのだろう」と思うほど短いかもしれません。しかし、次第にそんな瞬間が長く続くようになり、やがて、いつでもスッとその状態に入れるようになります。

おわりに

日々の悩みにとらわれず軽やかに進んでいく方法を、この本で学んでいただけたことと思います。

しかし、スタートはこれからです。

「はじめに」でも書きましたが、禅では、実践こそが重要です。

禅の本を何冊読んでも、日々の生活に生かし、自分の体、自分の心で実感しなければ、人生に変化は起こせません。

ですが一方で、禅が難しいものではないということも、忘れないでいただきたいと思います。

「どうすれば、この問題から抜け出せるのだろう」「次は、どの道を選べばいいのだろう」と悩んだ時、この本の第2章を開いてください。必ず、「これならできそうだ」ということがあるはずです。

ひとつでいいのです。それを実践してください。

また、どうぞ臆《おく》せず、坐禅に取り組んでみてください。

本格的な坐禅をお勧めしますが、時間がなければ、会社の休み時間に自分の席でする椅子坐禅でも構いません。

自分の姿勢と呼吸に、意識を向けてみましょう。

すると、あちらこちらに分散していた気が集中し、心に静けさが訪れ、本当に大切なものが見えてくるでしょう。


人生は、「一息」の積み重ねです。

あなたがこれから積み重ねていく「一息」が、人生を充実させ、輝かせるものとなることを祈ります。

本書は二〇一四年一二月に小社より刊行された『迷わない坐禅の作法』を改題の上、一部加筆・修正したものです。

悩《なや》まない 禅《ぜん》の作法《さほう》

二〇一八年一二月一〇日 初版印刷
二〇一八年一二月二〇日 初版発行

著　者　枡野《ますの》俊明《しゅんみょう》
発行者　小野寺優
発行所　株式会社河出書房新社
〒一五一-〇〇五一
東京都渋谷区千駄ヶ谷二-三二-二
電話〇三-三四〇四-八六一一（編集）
〇三-三四〇四-一二〇一（営業）
http://www.kawade.co.jp/

ロゴ・表紙デザイン　粟津潔
本文フォーマット　佐々木暁
印刷・製本　中央精版印刷株式会社

Printed in Japan　ISBN978-4-309-41655-7

片づける　禅の作法

枡野俊明　41406-5

物を持たず、豊かに生きる。朝の５分掃除、窓を開け心を洗う、靴を揃える、寝室は引き算…など、禅のシンプルな片づけ方を紹介。身のまわりが美しく整えば、心も、人生も整っていくのです。

怒らない　禅の作法

枡野俊明　41445-4

イライラする、許せない…。その怒りを手放せば、あなたは変わり始めます。ベストセラー連発の禅僧が、幸せに生きるためのシンプルな習慣を教えます。今すぐ使えるケーススタディ収録！

ヘタな人生論より仏教の救われるひと言

植西聰　41146-0

悩んだとき、落ちこんだとき、苦しいとき……賢者たちが残した言葉との“対話”で心が楽になる。いつの時代も変わらない“仏教の真理”を今日、私たちが日常遭遇する出来事に置き換え、わかりやすく解説！

ヘタな人生論より良寛の生きかた

松本市壽　40903-0

幕末の時代を、ホームレスにも似たボランティア僧として生きた良寛。人をうらむな、うらやむな。追い求めるな、こだわるな……。師の遺した詩歌や手紙を現代文で紹介し、心穏やかに生きるヒントを授ける。

生きるための哲学

岡田尊司　41488-1

生きづらさを抱えるすべての人へ贈る、心の処方箋。学問としての哲学ではなく、現実の苦難を生き抜くための哲学を、著者自身の豊富な臨床経験を通して描き出した名著を文庫化。

世界一やさしい精神科の本

斎藤環／山登敬之　41287-0

ひきこもり、発達障害、トラウマ、拒食症、うつ……心のケアの第一歩に、悩み相談の手引きに、そしてなにより、自分自身を知るために──。一家に一冊、はじめての「使える精神医学」。